战国策

(西汉) 刘向 / 编
李楠 / 译注

沈阳出版发行集团
沈阳出版社

图书在版编目(CIP)数据

战国策 /(西汉)刘向编;李楠译注. -- 沈阳:沈阳出版社,2025.1. -- ISBN 978-7-5716-4508-3

Ⅰ.K231.04

中国国家版本馆 CIP 数据核字第 2024QR6472 号

出版发行	沈阳出版发行集团 | 沈阳出版社
	(地址:沈阳市沈河区南翰林路 10 号　邮编:110011)
网　　址	http://www.sycbs.com
印　　刷	三河市兴达印务有限公司
幅面尺寸	155mm×220mm
印　　张	20
字　　数	300 千字
出版时间	2025 年 1 月第 1 版
印刷时间	2025 年 1 月第 1 次印刷
责任编辑	代雪华　李　霞
装帧设计	三石工作室
责任校对	李　英
责任监印	杨　旭
书　　号	ISBN 978-7-5716-4508-3
定　　价	68.00 元

联系电话:024-62564943　24112447

E - mail　sy24112447@163.com

本书若有印装质量问题,影响阅读,请与出版社联系调换。

前　言

　　《战国策》是一部国别体史书，成书于战国时期，原作者不明，原书名不详，内容包括策士的著作和史料的记载。本书问世后，经过了历朝文人学士的增补修订，到西汉时期由经学家、文学家刘向再次进行了编撰。他删去了其中明显荒诞不经的内容，并按照国别，重新编排体例，将其定名为《战国策》。

　　《战国策》主要记述了上起公元前490年"智伯灭范氏"，下至公元前221年"高渐离以筑击秦始皇"共245年的历史，记事年代上接孔子的《春秋》，下到秦朝统一，比较全面地展示了战国时期各国的政治、军事、外交方面的活动和社会面貌，也详细记载了战国时期纵横家游说各国的活动及其权谋智变故事。

　　同时，《战国策》还浓墨重彩地记载了当时各国的政治体制、统治者、政策等信息，揭示了各国内部政治斗争、权力争夺的情况。例如，齐国的齐桓公、齐威王、鲁国的孔子、楚国的楚庄王等各国政治家和君王的言行。

　　书中还描述了各国的军事行动，包括战争、战略部署、军事指挥等内容。战国时期是兵家的鼎盛时期，各国为了争夺地盘和霸权，展开了频繁的战争。《战国策》对这些战争进行了生动的描述，如各诸侯国争霸、各大国之间的战争场面等。

《战国策》还记录了各国之间的外交关系、使节活动、盟约缔结等情况。战国时期，各国之间的外交关系错综复杂，频繁变化，外交斗争是政治斗争的重要组成部分。这些外交活动为后人认识和了解战国时期的各国外交概况提供了重要佐证。

除了政治、军事、外交方面的内容外，《战国策》还反映了当时各国之间的文化交流、学术争鸣等情况。例如，孔子在各国游说的经历、各国学者之间的学术交流等。书中穿插了许多典故、寓言和故事，这些故事多以各国政治家、军事将领的言行为背景，既生动形象地展现了当时的人物风采，又富有警示意义。

《战国策》共三十三卷。其中东周策一卷，西周策一卷，秦策五卷，齐策六卷，楚策四卷，赵策四卷，魏策四卷，韩策三卷，燕策三卷、宋卫策一卷、中山策一卷，共四百六十篇内容。全书生动地再现了战国时期的政治风貌，展现了当时各国的兴衰史，是研究战国时期历史和文化的重要资料之一，具有很高的历史研究和文学欣赏价值。

本书包括《战国策》三十三卷中的九十八篇原文、注释、解读等内容，非常适合领会作品的深刻内涵，十分适合广大读者阅读，认真学习本书对于我们理解传统文化、塑造个人价值观、推动社会进步和发展都具有重要意义。

目 录

东周策

秦兴师临周而求九鼎 ································· 1
秦攻宜阳 ·· 4
秦假道于周以伐韩 ·································· 6
苏厉为周最谓苏秦 ·································· 8

西周策

薛公以齐为韩魏攻楚 ································ 9
秦令樗里疾以车百乘入周 ···························· 11
秦欲攻周 ··· 13

秦策一

卫鞅亡魏入秦 ····································· 15
苏秦始将连横 ····································· 17
张仪说秦王 ······································· 25

秦策二

齐助楚攻秦 …… 36
医扁鹊见秦武王 …… 41
甘茂亡秦且之齐 …… 43

秦策三

薛公为魏谓魏冉 …… 46
范雎至秦 …… 48
秦攻邯郸 …… 58

秦策四

秦取楚汉中 …… 62
三国攻秦入函谷 …… 64
或为六国说秦王 …… 66

秦策五

谓秦王 …… 70
濮阳人吕不韦贾于邯郸 …… 73
四国为一将以攻秦 …… 78

齐策一

秦假道韩魏以攻齐 83
苏秦为赵合从说齐宣王 85
张仪为秦连横说齐王 89

齐策二

韩齐为与国 92
张仪事秦惠王 93
权之难齐燕战 97

齐策三

孟尝君将入秦 99
孟尝君舍人 101
孟尝君有舍人而弗悦 103

齐策四

齐人有冯谖者 106
鲁仲连谓孟尝 112
齐宣王见颜斶 113

齐策五

苏秦说齐闵王 …………………………………… 120

齐策六

王孙贾年十五事闵王 …………………………… 135
燕攻齐齐破 ……………………………………… 136
田单将攻狄 ……………………………………… 139

楚策一

荆宣王问群臣 …………………………………… 143
苏秦为赵合从说楚威王 ………………………… 145
张仪为秦破从连横 ……………………………… 149

楚策二

齐秦约攻楚 ……………………………………… 155
楚怀王拘张仪 …………………………………… 156
秦败楚汉中 ……………………………………… 159

楚策三

楚王逐张仪于魏 ………………………………… 160
五国伐秦 ………………………………………… 161

秦伐宜阳·······································164

楚策四

长沙之难·······································166
天下合从·······································168
虞卿谓春申君···································170

赵策一

知伯从韩魏兵以攻赵·····························174
魏文侯借道于赵攻中山···························177
赵收天下且以伐齐·······························178

赵策二

秦攻赵···184
张仪为秦连横说赵王·····························191
赵燕后胡服·····································196

赵策三

赵惠文王三十年·································198
齐破燕赵欲存之·································202
平原君谓平阳君·································203
秦赵战于长平···································205

赵策四

为齐献书赵王 ·· 208
赵使姚贾约韩魏 ·· 211
秦使王翦攻赵 ·· 212

魏策一

乐羊为魏将而攻中山 ······································ 214
西门豹为邺令 ·· 215

魏策二

犀首田盼欲得齐魏之兵以伐赵 ························ 218
苏代为田需说魏王 ··· 220
齐魏战于马陵 ·· 221

魏策三

秦赵约而伐魏 ·· 225
秦将伐魏 ··· 227
魏将与秦攻韩 ·· 230

魏策四

献书秦王 ··· 240

魏王问张旄 242

长平之役 243

信陵君杀晋鄙 245

韩策一

苏秦为楚合从说韩王 247

张仪为秦连横说韩王 251

秦韩战于浊泽 255

韩策二

公仲为韩魏易地 260

韩傀相韩 261

韩策三

韩相公仲朋使韩珉之秦 267

秦招楚而伐齐 269

建信君轻韩熙 270

燕策一

苏秦将为从北说燕文侯 272

张仪为秦破从连横谓燕王 275

燕昭王收破燕后即位 278

燕策二

苏秦自齐使人谓燕昭王 …………………………………… 282
燕昭王且与天下伐齐 ……………………………………… 285

燕策三

齐韩魏共攻燕 ……………………………………………… 287
张丑为质于燕 ……………………………………………… 288
燕王喜使栗腹以百金为赵孝成王寿 …………………… 290

宋·卫策

齐攻宋宋使臧子索救于荆 ……………………………… 296
公输般为楚设机 …………………………………………… 297
智伯欲伐卫 ………………………………………………… 300
卫使客事魏 ………………………………………………… 301

中山策

魏文侯欲残中山 …………………………………………… 303
中山与燕赵为王 …………………………………………… 304
中山君飨都士 ……………………………………………… 307

东周策

秦兴师临周而求九鼎

秦兴师临周而求九鼎①,周君患之,以告颜率②。颜率曰:"大王勿忧,臣请东借救于齐。"颜率至齐,谓齐王③曰:"夫秦之为无道也,欲兴兵临周而求九鼎,周之君臣,内自尽计:与秦,不若归之大国。夫存危国,美名也;得九鼎,厚宝也。愿大王图之。"齐王大悦,发师五万人,使陈臣思④将以救周,而秦兵罢。

齐将求九鼎,周君又患之。颜率曰:"大王勿忧,臣请东解之。"颜率至齐,谓齐王曰:"周赖大国之义,得君臣父子相保也,愿献九鼎,不识大国何途之从而致之齐?"齐王曰:"寡人将寄径⑤于梁。"颜率曰:"不可。夫梁之君臣欲得九鼎,谋之晖台⑥之下,少海⑦之上,其日久矣。鼎入梁,必不出。"齐王曰:"寡人将寄径于楚。"对曰:"不可。楚之君臣欲得九鼎,谋之于叶庭之中,其日久矣。若入楚,鼎必不出。"王曰:"寡人终何途之从而致之齐？"颜率曰："弊邑固窃为大王患之。夫鼎者，非效醯壶酱甀耳，可怀挟提挈以至齐者；非效鸟集乌飞，兔兴马逝，漓然止于齐者。昔周之伐殷，得九鼎，凡一鼎而九万人挽之，九九八十一万人，士卒师徒，器械被具，所以备者称此。今大王纵有其人，何途之从而出？臣窃为大王私忧之。"齐王曰："子之数来者，犹无与耳。"颜率曰："不敢欺大国，疾定所从出，弊邑迁鼎以待命。"齐王乃止。

【注释】

① 九鼎：是一组九个大青铜鼎。传说是大禹铸了九鼎，夏、商、周朝都传为国宝。

② 颜率（lǜ）：战国时期东周的大臣，以谋士和善辩之士著称。

③ 齐王：指齐宣王，齐威王的儿子，名辟疆，是田齐第五代国君，公元前319年至公元前301年在位。

④ 陈臣思：即田臣思，齐国公族。将：率领。

⑤ 寄径：借路。

⑥ 晖台：魏国台名。

⑦ 少海：故址在今开封附近。醯（xī）：醋。甀（chuí）：小口坛子。器械被（pī）具：指搬运九鼎所使用的器械工具包裹物等。

【解读】

　　秦国出兵到东周国都，威逼周天子拿出国宝青铜九鼎。周天子非常害怕，就把大臣颜率叫到跟前商议。颜率说："大王不要发愁，臣请往借助齐国的力量来解救危难。"颜率来到齐国后，对齐宣王说："秦国太不讲道义了，现在发兵到朝廷，威逼天子拿出传世国宝九鼎。朝廷君臣商量，与其把九鼎给了秦国，还不如送给齐国啊。现在保护朝廷，这是留世美名啊；获得九鼎，是贵重的国宝啊！希望您能够干预这件事。"齐王听了觉得有道理，当下发兵五万，命令大将陈臣思统帅去火速救驾。秦军闻讯后，只好收兵退回。

　　秦军退了，齐王又来要九鼎，周王又开始担忧了。颜率说："大王不用担心！这件事我去处理。"颜率又到了齐国，对齐王说："朝廷得到齐国出兵护驾，天子愿意把九鼎给齐国。只是不知让我们从哪条路送过来啊？"齐王说："我会向梁国借道。"颜率说："那怎么能行？梁国的君臣想得到九鼎，已经在晖台之下，少海之上谋划很久了。九鼎如果进了梁国，肯定是进去就出不来了。"齐王说："那我就向楚国借道。"颜率说："那也不行。楚国的君臣也想得到九鼎，他们在叶庭之中谋划很久了，九鼎如果进了梁国，也是能进无出啊！"齐王说："这样啊，从哪条路上能把九鼎运到我国呢？"颜率说："我们私下里也为您发愁啊。这样大的九鼎，不像醋瓶子酱罐子，可以把它揣在怀里、拿在手上送到齐国来；也不像鸟飞马兔跑，一会儿就到了齐国。当年周武王灭商得了九鼎，一只鼎要九万人拖拉，九只鼎要九九八十一万人运送，为此还要准备各种器械被服攀绑包裹。现在哪能动员这么多人和物资，从哪条路上运到齐国呢？我真是替您暗自发愁啊！"齐王说："您说来说去，原来是不想送给我们九鼎啊！"颜率说："我哪里敢欺骗你啊，希望您赶快定下送鼎的路线，我们就准备运鼎。"就这样，齐王要鼎的事只好不了了之。

秦攻宜阳

秦攻宜阳①，周君谓赵累②曰："子以为何如？"对曰："宜阳必拔也。"君曰："宜阳城方八里，材士十万，粟支数年，公仲③之军二十万，景翠④以楚之众临山而救之。秦必无功。"对曰："甘茂⑤，羁旅也。攻宜阳而有功，则周公旦也；无功，则削迹于秦。秦王不听群臣父兄之义而攻宜阳，宜阳不拔，秦王耻之。臣故曰拔。"君曰："子为寡人谋，且奈何？"对曰："君谓景翠曰：'公爵为执圭⑥，官为柱国。战而胜，则无加焉矣；不胜，则死。不如背秦援宜阳，公进兵。秦恐公之乘其弊也，必以宝事公；公中慕公之为已乘秦也，亦必尽其宝。'"

秦拔宜阳，景翠果进兵。秦惧，遽效煮枣⑦。韩氏果亦效重宝。景翠得城于秦，受宝于韩，而德东周。

【注释】

① 宜阳：在今河南省宜阳县西北，洛水北岸。
② 赵累：东周朝大臣。
③ 公仲：名朋，韩国公族。又称公仲朋、韩公仲。
④ 景翠：楚国大将。
⑤ 甘茂：楚国人，秦武王时为左丞相。
⑥ 执圭：楚国最高爵位，意为执圭而朝。
⑦ 煮枣：古地名，在今山东东明县南。

【解读】

秦国攻打韩国的城池宜阳时，东周天子问大臣赵累："你看这场战斗谁输谁赢呢？"赵累不假思索地回答："宜阳城一定会被秦军攻破。"东周天子说道："韩国的宜阳城方圆八里有余，况且有精兵十万，粮草物资也可以支持好几年啊。加上韩国丞相公仲朋的兵有二十万，另外楚国大将景翠已率领楚国军队赶来援战。依我看，秦军这次一定不会取得胜利。"赵累回答说："秦国主将甘茂不是秦国的亲信，如果这次攻打宜阳成功，就会像周公旦那样声名显赫啊；如果这次失败，他在秦国就没有立足之地。另外，秦武王不听众大臣和宗室长辈的建议，执意攻打宜阳,如果宜阳拿不下,秦武王也会感到羞耻。综合两方面的情况,故臣断定宜阳这次毕竟会被攻下。"东周天子说:"如此,请你为寡人出个主意,我们应该怎么办才好呢?"赵累回答说:"您应该派人去跟楚将景翠说:'您的爵位已是最高的执圭,官阶也是最高武官柱国了,即使这次仗打赢了也不能够加官进爵了;如果打不赢,则会犯死罪。你不如等待秦军攻破宜阳之后,你再进军威胁。秦军惧怕你乘其战后疲惫攻击他,必定会拿金银珠宝来奉献你;韩国丞相公仲感谢你趁秦军疲惫出战,也一定会尽其所有宝物来献给你。'"

周天子依赵累计谋而行,秦军攻破宜阳后,景翠才率大军做进攻秦军之势。秦国战后疲惫,只有献纳煮枣之地;韩国君臣果真也来贡献重宝。景翠从秦国得到城邑,接受韩国的宝物,并感激东周天子为他出谋划策。

秦假道于周以伐韩

秦假道于周以伐韩,周恐假之而恶于韩①,不假而恶于秦。史厌②谓周君曰:"君何不令人谓韩公叔③曰:'秦敢绝塞④而伐韩者,信东周也。公何不与周地,发重使使之楚,秦必疑,不信周,是韩不伐也。'又谓秦王曰:'韩强与周地,将以疑周于秦。寡人不敢弗受。'秦必无辞而令周弗受,是得地于韩而听于秦也。"

【注释】

① 恶于韩:得罪韩。
② 史厌(yàn)韩国史官。
③ 韩公叔:韩氏公族,后为鲁国大臣。
④ 绝塞:越过边境。绝,渡、越。

【解读】

秦国向东周天子借路,准备出兵去攻打韩国。东周天子担心答应了秦国的请求就会得罪韩国,不答应呢又肯定会得罪秦国。韩国史官史厌对东周天子说:"您可以派人跟韩公叔说:'秦国敢于跋山涉水来攻打韩国,是因为看重周王朝啊。您何不给周王朝割让土地,请周天子派重臣到楚国去?周王朝与楚国交往,秦国必定会起疑心从而再次看重周王朝。这样,秦国就不敢轻易攻伐韩国了。'您再派人跟秦王说:'韩国非要给王朝土地不可,是想让秦国对周王朝产生怀疑,寡人又不能不接受啊。'秦国肯定没有理由让周王朝不接受土地。这样,周王朝既得到了韩国的土地,又表现出听从了秦国而不会得罪它。"

苏厉为周最谓苏秦

苏厉为周最谓苏秦曰:"君不如令王听最,以地合于魏,赵故必怒,合于齐。是君以合齐与强楚吏产子。君若欲因最之事,则合齐者君也,割地者最也。"

【解读】

苏厉为了周最对苏秦说:"您不如要齐王采纳周最把齐地割让给魏国的建议,赵国必定害怕,就会和齐国联合,这样,您就可以凭借实力完整的齐国与楚国对抗,此事由您来主持。如果要找周最的麻烦,那么,保全齐国是您的功劳,而割让土地的事,就归咎于周最了。"

西周策

薛公以齐为韩魏攻楚

薛公①以齐为韩、魏攻楚，又与韩、魏攻秦，而藉兵乞食于西周。韩庆②为西周谓薛公曰："君以齐为韩、魏攻楚，九年而取宛、叶以北以强韩、魏，今又攻秦以益之。韩、魏南无楚忧，西无秦患，则地广而益重③，齐必轻矣。夫本末更盛，虚实有时，窃为君危④之。君不如令弊邑阴⑤合于秦而君无攻，又无借兵乞食。君临函谷而无攻，令弊邑以君之情谓秦王曰：'薛公必破秦以张韩、魏，所以进兵者，欲王令楚割东国以与齐也。'秦王出楚王以为和，君令弊邑以此忠秦，秦得无破'而以楚之东国自免也，必欲之。楚王出，必德齐，齐得东国而益强，而薛世世无患。秦不大弱，而处之三晋之西，三晋必重齐。"薛公曰："善。"因令韩庆入秦，而使三国无攻秦，而使不借兵乞食于西周。

【注释】

① 薛公，齐公子田婴。
② 韩庆，西周臣。
③ 重，尊。
④ 危，不安。
⑤ 阴，私下。

【解读】

薛公田文用齐来为韩、魏攻打楚，又与韩、魏攻打秦，并向西周借兵求粮。西周臣子韩庆是韩国人，为了西周的利益，他对薛公说道："您让齐国为了韩、魏攻楚，5年攻取了宛和叶以北地区，增强了韩、魏的势力。如今又让他们联合攻秦，又增加了韩、魏的势力。现在韩、魏两国南边没有楚国侵略的忧虑，西边没有了对秦国的恐惧，这样国土辽阔的两个国家国力越来越强，而齐国却因此显得国力减弱了。这就好像树木随着四季更迭而盛衰，国情的强弱也会因时势而变化啊。我私下替您和齐国感到不安。您不如让齐国和西周王朝暗中与秦结好，齐国不要再去真地攻打秦国，也不必再向西周借兵求粮。您兵临函谷关而不进攻，让西周把您的意图说于秦王：'薛公肯定不会攻秦来扩大韩、魏，他之所以起兵，是企图让楚国割让土地给齐。'这样，秦王就会放回楚怀王来与齐保持和好关系（当时楚怀王被秦昭公以会盟名义骗入秦地扣押）。这样，秦国不被攻击，而拿楚的土地使自己免除灾难，肯定会愿意去做的。另外，楚怀王得以回国，必定会感激齐国，齐得到楚国的土地会更加强大，薛公您的地盘也就世世代代没有忧患了啊。秦国解除三国兵患，处于三晋（韩、赵、魏）的西邻，三晋也必来尊重齐国。"

薛公说："您说得很好。就按您说的办"就让韩庆到秦国作说客，使三国停止攻秦，从而达到了齐国不向西周来借兵求粮的目的。

秦令樗里疾以车百乘入周

秦令樗里疾①以车百乘②入周，周君迎之以卒③，甚敬。楚王怒，让周，以其重秦客。游腾谓楚王曰："昔智伯④欲伐厹由，遗之大钟，载以广车，因随入以兵。厹由卒亡，无备故也。桓公伐蔡也，号言伐楚，其实袭蔡。今秦者，虎狼之国也，兼有吞周之意，使樗里疾以车百乘入周，周君惧焉。以蔡、厹由戒之，故使长兵在前，强弩在后，名曰卫疾，而实囚之也。周君岂能无爱国哉？恐一日之亡国而忧大王。"楚王乃悦。

【注释】

① 樗（chū）里疾：秦惠王弟，生于渭南樗里，名疾。为人足智多谋。后为秦武王丞相。

② 百乘：这里指使者的随车。战国时以随车多寡判定使者的轻重，百辆是随车的极限。

③ 卒：百人为卒。

④ 晋卿荀瑶封于智（在今山西永济县北），称智伯。

【解读】

秦国派樗里疾率领100辆马车去访问西周，西周天子派出100名士卒的盛大仪式出城迎接，仪式非常隆重。樗里疾受到周王室的重视和尊敬，楚王对此十分愤怒，严词谴责周王室不该这样重视秦国使者。周臣游腾就对楚王解释说："以前晋的智伯要讨伐仇由国，先赠送仇由一口大钟，仇由为了能用大车运这口大钟，就特别修了一条宽广的道路。谁也没料到智伯却乘机由这条道路进兵攻击仇由，仇由最后因此而灭亡。这主要是智伯让仇由放弃警惕性、没有防备的缘故啊；另外，齐桓公攻打蔡国时，表面上声称去攻打楚国，实际上却是讨伐蔡国。现在，秦国是一个虎狼之国，贪得无厌，凶猛无比，还有吞灭周朝的野心。秦国派樗里疾率领100辆战车到西周时，周天子当然非常害怕，于是就以当年的蔡国和仇由的典故作为榜样，在欢迎仪式上派手持长柄武器的士兵走在前面,派手持强弓的士兵走在后面,名义上是欢迎、保卫樗里疾,实际上是围住他不让他有机会。周天子难道不爱他的国家吗?周王朝一旦被灭,对您楚国也不利啊,这也是为了大王分忧啊。"楚王这才高兴起来。

秦欲攻周

秦欲攻周,周最谓秦王曰:"为王之国计者,不攻周。攻周,实不足以利国,而声畏①天下。天下以声畏秦,必东合于齐。兵弊于周而合天下于齐,则秦孤而不王矣。是天下欲罢②秦,故劝王攻周。秦与天下俱罢,则令不横行③于周矣。"

【注释】

① 畏:畏惧、憎恶。
② 罢:同"疲"。
③ 横行:谓畅行无阻。

【解读】

秦国想攻大周王朝,公子周最对秦(昭)王说:"为了大王的国家考虑，我建议您最好不去攻打周王朝。攻周，对秦国其实并没有一点好处，反而会让秦国声名狼藉于天下。天下如果厌恶秦国的名声，大家一定会东向与齐国联合。秦国兵力疲惫用于攻周，而让天下与齐国联合，那么秦国就会被孤立从而难于实现称王的目标了。这是天下想要使秦国颓废衰弱，才怂恿大王攻周啊。如果秦国攻打了周，在与天下诸侯对峙相攻时就会兵力俱疲，那么大王的号令就不能够在周边国家畅通无阻了。"

秦策一

卫鞅亡魏入秦

卫鞅①亡魏入秦,孝公以为相,封之于商②,号曰商君。商君治秦,法令至③行,公平无私,罚不讳强大④,赏不私⑤亲近,法及太子,黥劓其傅⑥。期年之后,道不拾遗⑦,民不妄取⑧,兵革⑨强大,诸侯畏惧。然刻深⑩寡恩,特以强服之耳。

孝公行之十八年,疾且不起,欲传商君,辞不受。孝公已死,惠王代后,莅政有顷,商君告归。

人说惠王曰:"大臣太重者国危。今秦人婴儿皆言商君之法,莫言大王之法,是商君反为主,大王更为臣也。且夫商君固大王仇雠也,愿大王图之。"商君归还,惠王车裂之,而秦人不怜。

【注释】

① 卫鞅:卫国人,姓公孙,名鞅。

② 商：地名，在今陕西商州东南。

③ 至：犹言大。

④ 强大：这里指强宗大族。

⑤ 私：作动词，偏爱，偏袒。

⑥ 黥劓其傅：黥（qíng晴），古代肉刑的一种，用刀刺犯人面额后，再用墨涂，即墨刑。劓（yì艺），古代五刑之一，即割鼻。傅：太子的老师。

⑦ 遗：指遗失的东西。

⑧ 妄取：乱拿。

⑨ 兵革：泛指兵力。兵。兵器，革，指用皮革制的甲，兵革引申为持武器的人。

⑩ 刻深：苛刻严峻。

【解读】

卫鞅从魏国逃离后来到了秦国，秦孝公赏识他，让他作了丞相，并且把商地分封给他，卫鞅号称"商君"。卫鞅治理秦国时，实行严格刑法，大公无私，执行刑罚时不畏权贵，有功赏赐时不因亲疏而有异。卫鞅执法实施到太子，曾把太子的师傅处以黥劓之刑。卫鞅的新法实行一年后，秦国形势大好，可以说是路不拾遗，夜不闭户百姓不贪非分之财。国力强盛，兵强马壮，天下诸侯都开始畏惧秦国。只可惜商君之法过于严苛，人们只是畏惧暴力而已。

商君执法18年之后，秦孝公一病不起，临死前想让卫鞅做太子师傅，卫鞅却推辞不接受。孝公死后，惠王继位。惠王执政后不久，卫鞅就告老还乡了。

这时，有小人对惠王说："做大臣的威权太重，国家就会有危险；国王左右的侍臣谄媚淫奢，国王就会有危险。现在的秦国上下、朝野内外不论男女老幼，都只称道商君之法，而不称道大王之法。这样，商君就会反客为主，而大王就会有变成臣子的危险啊。况且商君本来就和大王政见不合，但愿大王能早日想办法对付他，以免后患。"当卫鞅从魏国返回秦国时，秦惠王就下令处他以五马分尸的重刑，而秦国人并没有同情他的。

苏秦始将连横

苏秦①始将连横②说③秦惠王曰："大王之国，西有巴、蜀、汉中之利，北有胡貉④、代⑤马之用，南有巫山、黔中之限，东有肴⑥、函⑦之固，田肥美，民殷富，战车万乘，奋击⑧百万，沃野千里，蓄积饶多，地势形便，此所谓天府，天下之雄国也。以大王之贤，士民之众，车骑⑨之用，兵法之教，可以并诸侯，吞天下，称帝而治。愿大王少留意，臣请奏其效。"

秦王曰："寡人闻之，毛羽不丰满者不可以高飞，文章不成者不可以诛罚，道德不厚者不可以使民，政教不顺者不可以烦大臣。今先生俨然不远千里而庭教之，愿以异日。"

苏秦曰："臣固疑大王之不能用也。昔者神农伐补遂，黄帝伐涿鹿而擒蚩尤，尧伐驩兜，舜伐三苗，禹伐共工，汤伐有夏，文王伐崇，武王伐纣，齐桓任战而伯天下。由此观之，恶有不战者乎？古者使车毂击驰，言语相结，天下为一；约从连横，兵革不藏；文士并饬，诸侯乱惑，万端俱起，不可胜理；科条既备，民多伪态；书策稠浊，百姓不足，上下相愁，民无所聊；明言章理，兵甲愈起；辩言伟服，战攻不息。繁称文辞，天下不治；舌弊耳聋，不见成功；行义约信，天下不亲。于是，乃废文任武，厚养死士，缀甲厉兵，效胜于战场。夫徒处而致利，安坐而广地，虽古五帝、三王、五伯，明主贤君，常欲坐而致之，其势不能，故以战续之。宽则两军相攻，迫则杖戟相橦，然后可建大功。是故兵胜于外，义强于内，威立于上，民服于下。今欲并天下，凌万乘，诎敌国，制海内，子元元，臣诸侯，非兵不可！今之嗣主，忽于至道，皆惛于教，乱于治，惑于言，沉于辩，溺于辞。以此论之，王固不能行也。"说秦王书十上而说不行，黑貂之裘弊，黄金百斤尽，资用乏绝，去秦而归，羸縢履跻，负书担橐，形容枯槁，面目犁黑，状有愧色。归至家，妻不下纴，嫂不为炊，父母不与言。苏秦喟叹曰："妻不以我为夫，嫂不以我为叔，父母不以我为子，是皆秦之罪也。"乃夜发书，陈箧数十，得太公阴符之谋，伏而诵之，简练以为揣摩。读书欲睡，引锥自刺其股，流血至足。曰："安有说人主不能出其金玉锦绣，取卿相之尊者乎？期年揣摩成，曰："此真可以说当世之君矣！"

于是乃摩燕乌集阙，见说赵王于华屋之下，抵掌而谈。赵王大悦，封为武安君。受相印，革车百乘，锦绣千纯，白璧百双，黄金万镒，以随其后，约从散横，以抑强秦。

故苏秦相于赵而关不通。当此之时，天下之大，万民之众，王侯之威，谋臣之权，皆欲决苏秦之策。不费斗粮，未烦一兵，未战一士，未绝一弦，未折一矢，诸侯相亲，贤于兄弟。夫贤人在而天下服，一人用而天下从，故曰：式于政不式于勇；式于廊庙之内，不式于四境之外。当秦之隆，黄金万镒为用，转毂连骑，炫熿于道，山东之国，从风而服，使赵大重。且夫苏秦，特穷巷掘门桑户棬枢之士耳，伏轼樽衔，横历天下，廷说诸侯之王，杜左右之口，天下莫之能伉。

将说楚王，路过洛阳，父母闻之，清宫除道，张乐设饮，郊迎三十里。妻侧目而视，倾耳而听。嫂蛇行匍伏，四拜自跪而谢。苏秦曰："嫂何前倨而后卑也？"嫂曰："以季子之位尊而多金。"苏秦曰："嗟乎，贫穷则父母不子，富贵则亲戚畏惧。人生世上，势位富贵，盖⑩可忽乎哉？"

【注释】

① 苏秦，东周洛阳（今河南洛阳东）人，字季子。纵横家

代表人物，始主连横，后倡合纵，在齐任相国，为燕作反间，被齐车裂而死；一说被暗杀而死。

② 连横，以西方秦国为主，联合东方（太行山以东）的个别国家攻击其他国家。

③ 说（shuì），劝说别人听从自己的主张。

④ 胡貉（hè赫），这里指匈奴族所居住的地区，其地产貉，形似狸，毛皮可制裘。

⑤ 代，名地，在今河北、山西二省北部，其地产马。

巫山：山名，在今四川巫山县东。黔中：地名，在今湖南沅陵县西。限：界限，这里是屏障的意思。

⑥ 肴：同"崤"，山名，在今河南洛宁县西北六十里。

⑦ 函：函谷关，在今河南灵宝县西南一里许。固：坚固，险要。

⑧ 奋击：这里指奋力作战的武士。

⑨ 骑（jì记）：骑兵。按：春秋以前只用马驾车，战国时开始骑马，有了骑兵。

⑩ 盍：同"盇"，何，怎么。

【解读】

苏秦是合纵派的领军人物，一开始他却对秦惠王倡导连横战略。他对秦惠王游说："大王的国家，西面有巴、蜀、汉中等地的富饶物产，北方有来自胡人地区的贵重兽皮与代地的良马，南边有巫山、黔中作为屏障,东方又有崤山、函谷关这样坚固的要塞。土地肥沃,民殷国富;战车万辆,壮士百万;沃野千里,资源丰富,积蓄充足;地势险要,能攻易守。这正是天下公认的'天府之国'啊,秦国因而真正是雄霸天下的强国。凭着大王您的贤能,秦国士卒与百姓的众多,战车、骑兵等武器的巨大作用,兵法和谋略的运用之妙,完全有把握吞并其他诸侯,一统天下,称帝统治全中国。希望大王能考虑一下这一前景,允许臣陈述自己的方略。"

秦惠王说:"寡人常听人说:羽毛不够丰满的鸟儿不可以高飞,法令不完备的国家不可以奖惩刑罚,道德不崇高的君主不可统治万民,政策教化不顺应天意的君主不可以号令大臣,如今先生不远千里来到我秦国登庭指教,寡人内心非常感激,不过关于军国大计,最好还是等将来再说吧!"

苏秦说:"其实我来之前就怀疑过大王会不会听取我的建议,现在事实证明我的怀疑是对的。很早以前,传说神农氏攻打补遂,黄帝征战涿鹿,擒获金龙,唐尧放逐驩兜,虞舜攻打三苗,夏禹王对阵共工,商汤王消灭夏桀,周文王讨伐崇侯,周武王灭亡商纣……就是当下,齐桓公也是利用战争从而才雄霸天下啊。所以,一个要想称霸天下的国家,不经过战争就能达到目的的哪里有啊?古代的使者都是坐着兵车外交,各国缔结口头盟约来谋求天下的统一;这种办法虽然讲究的是合纵连横策略,却仍然是战争不断;由于说客多进行口舌巧辩和玩弄权诈之术,致使天下诸侯疑惑从而慌乱，结果使一切的纠纷都从此发生，天下局势简直已经复杂到无法处理的地步啊。随着时间的推移和社会的进步，章程和法律虽然都完备了，人们却又常常做出虚伪狡诈的行为；文书、籍策杂乱无章、繁琐，百姓生活困顿潦倒；各国君臣上下都愁眉不展，天下百姓无所仰仗和依赖。法令规章越多，导致战争发生的也就越多；能言善变、穿着儒服的士人说客越多，战争就更加无法终止。凡事不顾根本却去专门讲求虚妄的文辞末节，天下就越发的不会太平。因此，说客巧舌如簧，口干舌燥，听的人耳朵起茧子，似乎听聋了，最后却不见什么效国啊；所以，做事即使讲义气守信用，天下也没办法和平安乐。

"因此就废除文治而使用武力，召集并且礼遇敢死之士，制作好各种甲胄，磨光各种刀枪，然后到战场上去争胜负。大王要明白，没有行动却想使国家富强，安居不动却要使国土扩大，即使是古代帝王、三王、五霸和明主贤君，想不用刀兵而获得这些，也是无法实现雄心的。所以只有用战争才能达成国家富强的目的。距离远的就用军队互相攻伐，距离近的就短兵相杀，只有如此才能建立伟大功业。所以军队如果能得胜于外国，那么国内民众的义气就会高涨，君王的威权就会增强，人民会自然地服从统治。现在假如想要并吞天下，夺取王位，征服敌国，辖制海内，治理百姓，号令诸侯，实在是非用武力不行。可是如今继嗣当政的君主，却都忽略了用兵的重要性，不懂得教化人民；不修明政治，常被一些诡辩之士的言论所迷惑，沉溺在游说之士的言语辩辞中，而误信各种不适当的外交政策。依照这样的情形，大王一定不能实现连横。"

苏秦游说秦王的策略奏章，虽然一连上了10次之多，但他的建议却始终没有被秦王采纳。这时候，他来时穿的黑貂皮袄也破了，带的100两金币也用完了，最后甚至连房租、旅费都没有了。不得已，苏秦只好暂时离开秦国回到洛阳。苏秦打着土灰色的裹腿，脚上穿着破旧的草鞋，身后背着一些破书，肩膀挑着自己的行囊，脸是又黑有瘦，神情憔悴，很显失意落魄。苏秦回到家里以后，织布的妻子不理他，平常对他不错的嫂子也不肯给他做饭吃，甚至连父母都不想跟他说话。因此，苏秦深深叹了口气感叹说："妻子不把我当丈夫，嫂子不把我当小叔，父母不把我当儿子，这都是我苏秦不顾家的罪过啊。"

当晚，苏秦就从几十个书箱里面找出一部姜太公著的《阴符》来读。从此，他就趴在桌子上发奋钻研，选择其中重要的加以熟读，而且一边读一边揣摩演练。当他读书读到疲倦而要打瞌睡时，就用锥子刺自己的大腿，鲜血一直流到自己的脚上。他自语道："哪有游说人主而不能让他们掏出金玉锦绣，得到卿相尊位的呢？"过了一年，他觉得自己的研究和演练成功了，又自言自语说："现在，我真的可以去游说各国君王了。"

这一次，苏秦先步入燕国的燕乌集宫门，在华丽的屋子里游说赵肃侯。他对赵王滔滔不绝地说出自己研究多年的合纵的外交政策。赵王很感兴趣地听了他的策略，非常高兴，立刻封苏秦为武安君，并授以相印，兵车100辆，锦绣1000束，白璧100双，金币20万两。赵王派的车队紧紧跟随在苏秦后边，苏秦开始到各国去约定合纵，拆散连横，以此来压制强大的秦国。

因此，当苏秦在赵国做宰相时，秦国不敢出兵函谷关。在当时，广大天下、众多百姓、威武的诸侯、掌权的谋臣，都要听苏秦一人来决定一切政策。没消费一斗军粮，没征用一个兵卒，没派遣一员大将，没有用坏一把弓，没损失一支箭，就使天下诸侯和睦相处，甚至比亲兄弟还要亲近。由此可见，只要有贤明人士当权主政，天下就会顺服稳定；只要有这样的一个人得到合适的使用，天下就会服从领导、归顺朝廷。所以说："应该运用政治手段解决问题，而不必用武力征服来处理一切；要在朝廷上慎谋策划、运筹帷幄，而不必到边疆上去厮杀作战。"

当苏秦权势显赫、红极一时的时候，金帛20万两供他使用，他所指挥的战车和骑兵连接不断，所到之处都显得威风八面，崤山以东的各诸侯国，莫不望风听从他的号令。赵国的地位也越来越受到尊重。其实苏秦此人，当初只不过是一个住在陋巷、掘墙做门、砍桑做窗、用弯曲的木头作门框的那类穷人罢了。但现在的他却常常坐上豪华的四马战车，骑着高头大马游历天下，在各诸侯国朝廷上游说君王，使各诸侯王的亲信不敢开口，天下没有谁敢与他对抗了。苏秦要去游说楚威王，路过洛阳时，他的父母知道了，就赶紧整理房间，请人清扫道路，雇用欢迎乐队，准备丰盛的酒席，并且亲自到距城30里远的地方去迎接；妻子见到苏秦,不敢正眼看他,而是斜着眼睛看他的威仪,侧着耳朵来听他说话;而嫂子呢,更是跪在地上不敢站起来,像蛇一样在地下爬行,对着苏秦一再叩头请罪。苏秦问:"嫂子你以前为什么对我那样傲慢不逊,而现在又为什么这样卑下呢?"他嫂子回答说:"因为现在你社会地位尊显而且钱多的缘故啊。"苏秦长叹一声说:"唉!一个人如果穷困落魄,连自己的父母都不会把他当儿子。然而,一旦他富贵之后,所有家人、亲戚都感到畏惧。由此可见,一个人活在世界上,权势和富贵是多么的重要,怎么能不管不顾呢!"

张仪说秦王

张仪说秦王曰:"臣闻之,弗知而言为不智,知而不言为不忠[①]。为人臣不忠当死,言不审亦当死。虽然,臣愿悉言所闻,大王裁[②]其罪。臣闻,天下阴燕阳魏[③],连荆固齐[④],收余韩成从[⑤],将西面以与秦为难[⑥]。臣窃笑之。世有三亡[⑦],而天下得之,其此之谓乎!臣闻之曰:'以乱攻治者亡,以邪攻正者亡,以逆攻顺者亡。'今天下之府库[⑧]不盈,囷仓[⑨]空虚,悉其士民,张[⑩]军数百万,白刃在前,斧质在后,而皆去走,不能死,非其百姓不能死也，其上不能故也。言赏则不与，言罚则不行，故民不死也。""今秦出号令而行赏罚，有功无功相事也。出其父母怀衽之中，生未尝见寇也，闻战顿足徒裼，犯白刃，蹈煨炭，断死于前者比是也。夫断死与断生也不同，而民为之者是贵奋也。一可以胜十，十可以胜百，百可以胜千，千可以胜万，万可以胜天下矣。今秦地形，断长续短，方数千里，名师数百万，秦之号令赏罚，地形利害，天下莫如也。以此与天下，天下不足兼而有也。是知秦战未尝不胜，攻未尝不取，所当未尝不破也。开地数千里，此甚大功也。然而甲兵顿，士民病，蓄积索，田畴荒，囷仓虚，四邻诸侯不服，伯王之名不成，此无异故，谋臣皆不尽其忠也。"

"臣敢言往昔。昔者齐南破荆，东破宋，西服秦，北破燕，中使韩、魏之君，地广而兵强，战胜攻取，诏令天下，济清河浊，足以为限，长城、钜坊，足以为塞。齐，五战之国也，一战不胜而无齐。故由此观之，夫战者万乘之存亡也。"

"且臣闻之曰：'削株掘根，无与祸邻，祸乃不存。'秦与荆人战，大破荆，袭郢，取洞庭、五都、江南。荆王亡奔走，东伏于陈。当是之时，随荆以兵，则荆可举。举荆，则其民足贪也，地足利也。东以弱齐、燕，中陵三晋。然则是一举而伯王之名可成也，四邻诸侯可朝也。而谋臣不为，引军而退，与荆人和。今荆人收亡国，聚散民，立社主，置宗庙，令帅天下西面以与秦为难，此固已无伯王之道一矣。天下有比志而军华下，大王以诈破之,兵至梁郭,围梁数旬,则梁可拔。拔梁,则魏可举。举魏,则荆、赵之志绝。荆、赵之志绝,则赵危。赵危而荆孤。东以弱齐、燕,中陵三晋,然则是一举而伯王之名可成也,四邻诸侯可朝也。而谋臣不为,引军而退,与魏氏和,令魏氏收亡国,聚散民,立社主,置宗庙,此固已无伯王之道二矣。前者穰侯之治秦也,用一国之兵,而欲以成两国之功。是故兵终身暴灵于外,士民潞病于内,伯王之名不成,此固已无伯王之道三矣。"

"赵氏,中央之国也,杂民之所居也。其民轻而难用,号令不治,赏罚不信,地形不便,上非能尽其民力。彼固亡国之形也,而不忧民氓,悉其士民,军于长平之下,以争韩之上党,大王以诈破之,拔武安。当是时,赵氏上下不相亲也,贵贱不相信,然则是邯郸不守,拔邯郸,完河间,引军而去,西攻修武,逾羊肠,降代、上党。代三十六县,上党十七县,不用一领甲,不苦一民,皆秦之有也。代、上党不战而已为秦矣,东阳河外不战而已反为齐矣,中呼池以北不战而已为燕矣。然则是举赵则韩必亡,韩亡则荆、魏不能独立。荆、魏不能独立,则是一举而坏韩,蠹魏,挟荆,以东弱齐、燕,决白马之口,以流魏氏。一举而三晋亡,从者败。大王拱手以须,天下篇随而伏,伯王之名可成也。而谋臣不为,引军而退,与赵氏为和。以大王之明,秦兵之强,伯王之业,地尊不可得,乃取欺于亡国,是谋臣之拙也。且夫赵当亡不亡,秦当伯不伯,天下固量秦之谋臣一矣。乃复悉卒，以攻邯郸，不能拔也，弃甲兵怒，战栗而却，天下固量秦力二矣。军乃引退，并于李下，大王又并军而致与战，非能厚胜之也，又交罢却，天下固量秦力三矣。内者量吾谋臣，外者极吾兵力。由是观之，臣以天下之从，岂其难矣。内者吾甲兵顿，士民病，蓄积索，田畴荒，囷仓虚；外者天下比志甚固。愿大王有以虑之也。"

"且臣闻之，战战栗栗，日慎一日。苟慎其道，天下可有也。何以知其然也？昔者纣为天子，帅天下将甲百万，左饮于淇谷，右饮于洹水，淇水竭而洹水不流，以与周武为难。武王将素甲三千领，战一日，破纣之国，禽其身，据其地，而有其民，天下莫不伤。智伯率三国之众，以攻赵襄主于晋阳，决水灌之，三年，城且拔矣。襄主错龟，数策占兆，以视利害，何国可降，而使张孟谈。于是潜行而出，反智伯之约，得两国之众，以攻智伯之国，禽其身，以成襄子之功。今秦地断长续短，方数千里，各师数百万，秦国号令赏罚，地形利害，天下莫如也。以此与天下，天下可兼而有也。"

"臣昧死望见大王，言所以举破天下之从，举赵亡韩，臣荆、魏，亲齐、燕，以成伯王之名，朝四邻诸侯之道。大王试听其说，一举而天下之从不破，赵不举，韩不亡，荆、魏不臣，齐、燕不亲，伯王之名不成，四邻诸侯不朝，大王斩臣以徇于国，以主为谋不忠者。"

【注释】

① 知而不言为不忠：知而言之可以利国安君；知而不言，当然不利于利国安君，故曰不忠。

② 裁：判定。

③ 阴燕阳魏：燕在赵之北，故曰阴；魏在赵之南，故曰阳。赵国为纵长，形成赵北联燕，南联魏的局面。

④ 连荆固齐：联结强大的楚国和齐国。

⑤ 收余韩成从：指赵国收纳残余的韩国而结成合纵的局面。

⑥ 难：为难：犹言为敌。

⑦ 三亡：三种灭亡的情况。指天下的攻秦者，犯此三亡，即下文的"以乱攻治者亡，以邪攻正者亡，以逆攻顺者亡"。

⑧ 府库：藏聚财货之处叫府，藏蓄兵器之处叫库。

⑨ 囷（jūn君）仓：收藏粮谷的地方。圆者称囷，方者称仓。

⑩ 张，陈列、布置。

【解读】

张仪去游说秦王这样说道："我常常听人说'不知道事情的前因后果就信口开河，那是不明智的做法；相反明明知道可以为国家谋划造福而不开口建议，那就是不忠的表现啊。'作为人臣,如果对君王不忠诚就该判死刑;如果说话不谨慎也是该死。话虽如此说,但我仍然愿意把所有建议都说出来给大王听,请大王裁决后再来定我是否有罪吧。据我目前所知道的,四海之内,从北方的燕国到南方的魏国又在连结楚国,他们在巩固和齐国结成的同盟,收罗残余的韩国势力,已经结成了合纵的联合阵线。他们准备集结六国的全部兵力,准备来和秦国对抗。为此,我禁不住为之失笑啊。世界上有三种亡国的情况,而天下人终会收拾残局,可能说的就是今天的局势!我听人说'暴乱之国去攻打仁义之国必定会遭到失败灭亡的结局;邪恶之国去攻打正义之国必遭到失败灭亡的结局;叛逆之国去攻打太平之国必遭到失败灭亡的结局。'如今,天下诸侯各国储藏财货的仓库都不充实富足,囤积粮草的仓库也很是空虚。他们征召所有百姓,发动数以千百万计的军队,虽然是白刀子在前,大斧头在后,但结果仍旧难逃失败跑路,没有和敌人拼死一战的气势。其实并不是他们的军队不肯死战,而是由于统帅拿不出好的办法进行指挥啊。只说奖赏而不兑现,只说处罚而不执行,所以士兵才不肯为国死战。"

现在秦国号令鲜明,赏罚分明,有功无功都按照实际情形进行奖惩。每个人离开父母怀抱之初,从来就没有见过敌人,所以一听说作战就跺脚、露胸,决心死战,迎着敌人的刀枪,勇往直前,赴汤蹈火,在所不惜,几乎全都决心要为国家死在战场上。大王知道:一个人决心要去战死,和决心要逃生是不同的,但秦国人仍然愿意去战死,就是由于重视奋战至死精神的缘故。一人可以战胜十人,十人可以战胜百人,百人可以战胜千人,千人可以战胜万人,万人可以战胜全天下。如今秦国的地势,截长补短方圆有数千里,强大的军队有几百万。而秦国的号令和赏罚,险峻有利的地形,天下诸侯都望尘莫及。用这种优越条件和天下诸侯争雄,全天下也不够秦国吞并的。由此可以知道,只要秦国作战绝对是战无不胜,攻无不取,所向无敌,完全可以开拓土地几千里,那将是很伟大的功业。然而如今,秦国军队疲惫,人民穷困,积蓄用绝,田园荒废,仓库空虚,四邻诸侯不肯臣服,霸业不能树立,出现这种令人惊讶的情况并没有其他原因,主要是秦国谋臣不能尽忠的缘故。

"臣愿用历史典故说明:从前齐国往南击破了楚国,中部打败了宋国,往西征服了秦国,向北方更是碾压燕国,其间又让韩、魏两国的君主听从于齐。齐国国土辽阔,兵强马壮,战事节节胜利。所到之处军队攻城略地,齐王更是号令天下诸侯,清冽的济水与混浊的黄河俨然成为齐国的天然屏障,巨大的长城已经可以做为它的防守要塞了。齐国是一连五战五胜的强国,可是后来只战败了一次就没有了称霸的齐国。由此可见,用兵作战可以决定万乘大国的生死存亡啊。

"我还听说:'斩草要除根,不给祸留下作为,祸才不会存。'从前秦国和楚国作战,秦兵大败楚军,占领了楚国首都郢城,同时又占领了洞庭湖、五都、江南等地,楚王向东逃亡,藏在陈地。在那个时候，只要把握时机攻打楚国，就可以占领楚国的全部土地。而占领了楚国，那里的人民就足够使用，那里的物产就足可以满足物质需要，东面对抗齐、燕两国，中原可以凌架在三晋（指韩、赵、魏三国）之上，如果这样就可以一举而完成霸业，使天下诸侯都来秦廷称臣。然而当时的谋臣不但不肯这样做，反而撤兵和楚人讲和，现在楚已收复了所有失地，重新集合逃散的人民，再度建立起宗庙和社稷之主，他们得以率领天下诸侯往西面来跟秦国对抗。这样，当然秦国就第一次失去了建立霸业的机会。后来其他诸侯国同心一致、联合兵临华阳城下。幸亏大王用诈术击溃了他们，一直进兵到魏都大梁外。当时只要继续围困几十天，就可以占领大梁城。占领大梁，就可以攻下魏国；攻下了魏国，赵、楚的联盟就拆散了，赵国就会处于危难之地。赵国陷入危难之地，楚国就孤立无援。这样秦国东可以威胁齐、燕，中间可以驾驭三晋，如此也可以一举建立霸王功业，使天下诸侯都来朝贺。然而谋臣不但不肯这样做，反而引兵自退、与魏讲和，使魏国有了喘息的机会。如此就第二次失去了建立霸业的机会。前不久穰侯为相，治理秦国，他用一国的军队，却想建立两国才能完成的功业。即使军队在边境外风吹日晒雨淋，人民在国内劳苦疲惫，霸王的功业却始终不能建立，这也就是第三次失去了建立霸业的机会。

"再来说说赵国。在诸侯中赵国位居中央之地，百姓更是五方杂居，盲流轻浮从而不能好好治理，从而导致国家律法没有条理，赏罚不能严格实行没有信用，而赵的地势又不利于防守，掌握国家命运的又不让百姓的力量全部发挥出来。这已经是种亡国的情势了。再加上国君不体恤民间疾苦，几乎把全国老百姓都征发到长平战场，去跟韩国争上党之地。大王以诈破之，从而攻下了武安。因为那时赵国君臣不合，官民也互不信任，就这样，邯郸就无法固守。如果秦军趁势攻下赵国的邯郸，在河间那个地方修整军队，然后率领军队往西攻打修武，再经过羊肠险塞行军威慑，降服代地和上党。代地有36个县，上党有17个县，秦军不用一副盔甲，不费一个兵卒，就可以让其臣服。这样，代和上党不经过战争就成为秦国土地。至于东阳和河外等地，战后将反归齐国，中呼池以北之地，战后属于燕国。这样，攻下赵国之后，楚、魏就不能独立；楚、魏既然不能独立，就可一举而攻破韩国，韩国也就会必然灭亡。韩国灭亡以后，就伤害到魏国，然后再挟持楚国往东去削弱齐国和燕国，挖开白马津的河口来淹魏国。如此一举就可以灭亡三晋，而六国的合纵也势将瓦解。大王只要拱手在那里等着，天下诸侯就会一个跟着一个来投降归顺，霸王之业就可以立等可见。可惜的是，谋臣不但不这样做，反而自动退兵去跟赵国讲和。

"凭大王的贤明和秦兵的强盛，竟然建立不起天下霸主的基业，而且被既将灭亡的各诸侯国欺凌，这一切都是由于谋臣的愚昧笨拙所导致的。赵国当亡不亡，秦国该称霸又不能称霸，天下人已经看透了秦国谋臣的本领高低，此其一。秦国曾用全国之兵，去攻打赵国的邯郸，不但没有攻下反而被敌人打得丢盔卸甲，将士们又气又怕地败下阵来，天下人已经看透了秦国将士的斗志，此其二。军队退下来以后，都聚集在李下（地名），大王又重新编整努力督促将士们作战，可是并没有取得大胜，就纷纷罢兵撤退，天下人又都看透了秦国军队的战斗力，此其三。在内看透了秦国的谋臣，在外看透了秦国的将士。由此观之，臣认为天下的合纵力量，难道不是更难对付了。秦国的军队疲劳不堪，人民极端困顿，再加上积蓄用尽、田园荒芜、仓库空虚；而国外诸侯合纵，团结一致，甚为坚固，但愿大王能多加考虑这危机！

"我又听人说'战战兢兢，日慎一日。'就是说谨慎得法，可以占有全天下。那什么证明它的正确呢？很久以前，殷纣王做了天子，率领浩浩荡荡百万大军，左边的军队还在淇谷饮马，右边的军队已到洹水喝水，传说军马竟然把淇水和洹水都喝干了。殷纣王是用这么雄壮的大军跟周武王作战，没想到武王仅仅率领3000名穿着简单盔甲的战士，经过一场战斗，就打败了不可一世的纣王军队，俘虏了殷的全部臣民，拥有了殷的全部土地，天下竟没有一个人同情纣王。以前智伯率领韩、赵、魏三国大军，出发前往晋阳去攻打赵襄子，智伯挖开晋水河堤用水攻，战争进行了三年，当晋阳城快被攻破时，赵襄子用乌龟进行占卜，想看看自己国家命运的吉凶利害，进而预测双方哪个会失败投降。赵襄子又使用反间计，派赵国的大臣张孟谈悄悄出城，游说破坏韩、魏与智伯的盟约，结果争取到了韩、魏两国军队的合作，反过来联合攻打智伯，结果智伯之军大败，最后还俘虏了统帅智伯。由此，张孟谈成为了赵襄子的第一大功臣。如今秦国的国土截长补短，方圆几千里，英勇善战的军队更是有几百万之众，秦国法令有赏有罚，深得百姓信任，再加上秦国地形的优势，能攻易守。反观天下诸侯国，没有哪个能比得上的啊。如果凭借这种优越条件，而跟天下诸侯争胜，整个天下不就可以被秦征服吗？

"臣冒死罪，希望见到大王，谈论秦国的战略以及怎样能够破坏天下的合纵战略及其力量，灭赵亡韩，迫使楚魏称臣，联合齐、燕加盟，建立霸王之业，让天下诸侯都来朝贡。请大王姑且采用我的策略，假如不能一举而瓦解天下合纵，攻不下赵，灭不了韩，魏、楚不称臣，齐、燕不加盟，霸王之业不能建立，天下诸侯不来朝贡，那就请大王砍下我的头，在全国各地轮流示众，以惩戒那些为君主谋划而不尽忠的臣子。"

秦策二

齐助楚攻秦

齐助楚攻秦,取曲沃①。其后,秦欲伐齐②,齐、楚之交善③,惠王患之,谓张仪曰:"吾欲伐齐,齐、楚方欢,子为寡人虑之④,奈何?"张仪曰:"王其为臣约车并币⑤,臣请试之⑥。"

张仪南见楚王曰⑦:"弊邑之王所说甚者,无大大王⑧。唯仪之所甚愿为臣者,亦无大大王⑨。弊邑之王所甚憎者,亦无大齐王;唯仪之甚憎者,亦无大齐王。今齐王⑨之罪,其于弊邑之王甚厚,弊邑欲伐之,而大国与之欢,是以弊邑之王不得事王,而仪不得为臣也。大王苟能闭关绝齐,臣请使秦王献商于之地,方六百里。若此,齐必弱,齐弱则必为王役矣。则是北弱齐,西德于秦,而私商于之地以为利也,则此一计而三利俱至。"楚王大说,宣言之于朝廷曰:"不谷得商于之地,方六百里。"群臣闻见者毕贺,陈轸后见,独不贺。楚王曰:"不谷不烦一兵,不伤一人，而得商于之地六百里，寡人自以为智矣！诸士大夫皆贺，子独不贺，何也？"陈轸对曰："臣见商于之地不可得，而患必至也，故不敢妄贺。"王曰："何也？"对曰："夫秦所以重王者，以王有齐也。今地未可得而齐先绝，是楚孤也，秦又何重孤国？且先出地绝齐，秦计必弗为也。先绝齐后责地，且必受欺于张仪。受欺于张仪，王必惋之。是西生秦患，北绝齐交，则两国兵必至矣。"楚王不听，曰："吾事善矣！子其弭口无言，以待吾事。"楚王使人绝齐，使者未来，又重绝之。张仪反，秦使人使齐，齐、秦之交阴合。楚因使一将军受地于秦。张仪至，称病不朝。楚王曰："张子以寡人不绝于齐乎？"乃使勇士往詈齐王。张仪知楚绝齐也，乃出见使者曰："从某至某，广从六里。"使者曰："臣闻六百里，不闻六里。"仪曰："仪固以小人，安得六百里？"使者反报楚王，楚王大怒，欲兴师伐秦。陈轸曰："臣可以言乎？"王曰："可矣。"轸曰："伐秦非计也，王不如因而赂之一名都。与之伐齐，是我亡于秦而取偿于齐也。楚国不尚全乎？王今已绝齐，而责欺于秦，是吾合齐、秦之交也，国必大伤。"

楚王不听，遂举兵伐秦。秦与齐合，韩氏从之[10]。楚兵大败于杜陵。故楚之土壤士民非削弱，仅以救亡者，计失于陈轸，过听于张仪。

【注释】

① 曲沃：地名，在今河南陕县曲沃镇。高诱注："曲沃，战国时秦兼有之，故齐助楚攻秦取之也。"

② 伐齐：讨伐齐国。实为秦对齐"取曲沃"之报复。姚本："伐齐，报曲沃也。"

③ 善：友善，亲善。

④ 虑：思考，谋划。

⑤ 并币：各种礼物。并，合，非一种之意；币，帛，此指礼物。

⑥ 试：尝试。鲍本："不自必之辞。"

⑦ 楚王：指楚怀王。

⑧ 弊邑：古代称自己国家的谦词。说：通"悦"，喜欢。无大大王：莫过于大王。大（第一个"大"字），过于，超过。

⑨ 齐王：指齐威王。

⑩ 韩氏从之：韩宣王也跟着和秦齐两国联合出兵。

【解读】

齐国帮楚国进攻秦国，攻下了曲沃。后来秦想要攻齐报仇，可是由于齐、楚交往很友善，秦惠王为此甚为忧虑，于是惠王就对张仪说："寡人想要发兵攻齐，无奈齐、楚两国关系正密切，请贤卿为寡人考虑一下怎么办才好？"张仪说："请大王为臣准备车马和金钱,让臣南去游说楚王试试看!"

于是张仪就南去楚国见楚怀王说:"敝国国王最敬重的人莫过于大王了,我做臣子,也莫过于希望给大王您做臣子;敝国所最痛恨的君主莫过于齐王,而臣张仪最不愿臣事的君主也莫过于齐王。现在齐国的罪恶,对秦王来说是最严重的,因此秦国才准备发兵征讨齐国,无奈贵国跟齐国缔结有军事攻守同盟,以致使秦王无法好好侍奉大王,同时也不能使臣张仪做大王的忠臣。然而如果大王能关起国门跟齐断绝交邦,让臣劝秦王献上方圆600里的商、于土地。如此一来,齐就丧失了后援,而必然走向衰弱;齐走向衰弱以后,就必然听从大王的号令。由此看来,大王如果能这样做,楚国不但在北面削弱了齐国的势力,而又在西面对秦国施有恩惠,同时更获得了商、于600里的土地。这真是一举三得的上策。"

楚怀王一听,非常高兴,就赶紧在朝宣布说:"寡人已经从秦国得到商、于600里的肥沃土地!"群臣听了怀王的宣布,都一致向怀王道贺,惟独客卿陈轸最后晋见,而且根本不向怀王道贺。这时怀王就很诧异地问:"寡人不发一卒,而且没有伤亡一名将士,就得到商、于600里土地,寡人认为这是一次外交上的极大胜利,朝中文武百官都向寡人道贺,偏只有贤卿一个人不道贺,这是为什么?"陈轸回答说:"因为我认为,大王不但得不到商、于600里,反而会为此招来祸患,所以臣才不敢随便向大王道贺。"怀王问:"什么道理呢?"陈轸回答说:"秦王所以重视大王的原因，是因为有齐国这样一个强大盟邦。如今秦国还没把地割给大王，大王就跟齐国断绝邦交，如此就会使楚国陷于孤立状态，秦国又怎会重视一个孤立无援的国家呢？何况如果先让秦割让土地，楚国再来跟齐断绝邦交，秦国必不肯这样做；要是楚国先跟齐断绝邦交，然后再向秦要求割让土地，那么必然遭到张仪的欺骗而得不到土地。受了张仪的欺骗，以后大王必然懊悔万分；结果是西面惹出秦国的祸患，北面切断了齐国的后援，这样秦、齐两国的兵都将进攻楚国。"楚怀王不听从，说："我的事已经办妥当了，你就闭口，不要再多说，你就等待寡人的吧！"于是怀王就派使前往齐国宣布跟齐断绝邦交，还没等第一个绝交使者回来，楚王竟急着第二次派人去与齐国绝交。

张仪回到秦国之后，秦王就赶紧派使者前往齐国游说，秦齐的盟约暗暗缔结成功。果然不出陈轸所料，当楚国派一名将军去秦国接收土地时，张仪为了躲避楚国的索土使臣，竟然装病不上朝，楚怀王说："张仪以为寡人不愿诚心跟齐国断交吗？"于是楚怀王就派了一名勇士前去齐国骂齐王，张仪在证实楚、齐确实断交以后，才勉强出来接见楚国的索土使臣，说："敝国所以赠送贵国土地，是这里到那里，方圆总共是6里。"楚国使者很惊讶地说："臣只听说是600里，却没听说是6里。"张仪赶紧郑重其事地巧辩说："我张仪在秦国只不过是一个微不足道的小官，怎么能说有600里呢？"

楚国使臣回国报告楚怀王以后，怀王大为震怒，就准备发兵去攻打秦国。这时陈轸走到楚王面前表示:"现在我可以说话了吗?"怀王说:"可以。"于是陈轸就很激动地说:"楚国发兵去打秦国,绝对不是一个好办法。大王实在不如趁此机会,不但不向秦要求商、于600里土地,反而再送给秦一个大都市,目的是跟秦连兵伐齐,如此或许可以把损失在秦国手中的再从齐国得回来,这不就等于楚国没有损失吗?大王既然已经跟齐国绝交,现在又去责备秦国的失信,岂不是等于在加强秦、齐两国的邦交吗?这样的话,楚国必受大害!"

可惜楚怀王仍然没有采纳陈轸的忠谏,而是照原定计划发兵北去攻打秦国。秦、齐两国组成联合阵线,同时韩国也加入了他们的军中同盟,结果楚军被三国联军在杜陵打得惨败。可见,楚国的土地并非不大,而人民也并非比其他诸侯软弱,但是之所以会弄到几乎要亡国的惨境,就是由于怀王没采纳陈轸的忠实良言,而过于听信张仪诡诈游说的缘故。

医扁鹊见秦武王

医扁鹊见秦武王[①],武王示之病[②],扁鹊请除[③]。左右曰:"君之病,在耳之前,目之下,除之未必已也,将使耳不聪,目不明。"君以告扁鹊。扁鹊怒而投其石④:"君与知之者谋之,而与不知者败之。使此知秦国之政也⑤,则君一举而亡国矣。"

【注释】

① 扁鹊:战国时名医,姓秦名越人,勃海郡(在今河北任丘县)人。学医于长桑君,医疗经验丰富,擅长各科,反对巫术治病。入秦后,太医令李醯(xī西)自知不如,派人将他刺死。

② 示:告诉。姚本:"示,语也。"

③ 除:去掉,此可引申为医治。姚本:"除,治也。"鲍本:"欲去其病。"

④ 石:石针,即砭(biān边),古人用以扎皮肉治病。

⑤ 此:如此。

【解读】

医生扁鹊去见秦武王,武王把他的病情告诉了扁鹊,扁鹊请求为他医治,左右大臣说:"君王的病在耳朵的前面,眼睛的下面,未必能治好,弄不好反而会使耳朵听不清,眼睛看不明。"武王把这些话告诉了扁鹊,扁鹊听了很生气,把治病的砭石一丢,说:"君王同聪明的人商量,又同不聪明的人一道来败坏,就凭这,可以了解到秦国的内政,如此下去,君王随时都有亡国的危险。"

甘茂亡秦且之齐

甘茂亡秦,且之齐①,出关遇苏子②,曰:"君闻夫江上之处女乎③?"苏子曰:"不闻。"曰:"夫江上之处女,有家贫而无烛者,处女相与语,欲去之④。家贫无烛者将去矣,谓处女曰:'妾以无烛,故常先至,扫室布席⑤,何爱余明之照四壁者?幸以赐妾,何妨于处女?妾自以有益于处女,何为去我?'处女相与以为然而留之。今臣不肖,弃逐于秦而出关。愿为足下扫室布席,幸无我逐也。"苏子曰:"善。请重公于齐。"

乃西说秦王曰:"甘茂,贤人,非恒士也,其居秦累世重矣,自殽塞、溪谷,地形险易尽知之。彼若以齐约韩、魏,反以谋秦,是非秦之利也。"秦王曰:"然则奈何?"苏代曰:"不如重其贽⑥,厚其禄以迎之。彼来则置之槐谷,终身勿出,天下何从图秦。"秦王曰:"善。"与之上卿,以相印迎之齐。

甘茂辞不往,苏代伪谓齐王曰:"甘茂,贤人也。今秦与之上卿,以相印迎之,茂德王之赐,故不往,愿为王臣。今王何以礼之?王若不留,必不德王。彼以甘茂之贤,得擅用强秦之众,则难图也!"齐王曰:"善。"赐之上卿,命而处之⑦。

【注释】

① 甘茂亡秦，且之齐：甘茂逃离秦国，将前往齐国。且，将。按：秦昭王立，甘茂为向寿、公孙衍等人所谗，故自秦出亡。

② 关：此指函谷关。苏子：即苏代，洛阳人，是纵横家苏秦的弟弟。当时苏代正为齐出使于秦。

③ 处女：未出嫁的女子。鲍本："女在室者。"

④ 去：遣，使离去。

⑤ 扫室布席：扫房子铺席子。按：古人席地而坐，故须铺席。

⑥ 贽（zhì致）：古代见面时馈赠的礼物。

⑦ 命而处之：使他住在齐国。处，居住。

【解读】

甘茂自秦国逃出后，准备到齐国去。出了函谷关，遇见苏代，说："您听说江上女子的故事吗？"苏代说："没听说。"甘茂说："在江上的女子中，有一个家贫无烛的。女子们在一起商量，要把家贫无烛的赶走。家贫无烛的女子准备离去了，她对女子们说："我因为没烛，所以常常先到，一到便打扫屋子，铺席子。你们何必爱惜照在四壁上的那一点余光呢？如果赐一点余光给我，对你们又有什么妨碍呢？我自认为对你们还是有用的，为什么一定要赶走我呢？女子们商量以后，认为她说得对，就把她留下了。现在我没有才能，被秦国赶走，出了函谷关，愿意为您打扫屋子，铺席子，希望不要把我赶走。"苏代说："好，我将设法让齐国尊重您。"

于是，苏代到西边去游说秦王，说："甘茂是个贤能的人，并不是一般人；他在秦国，在惠王、武王、昭王当政时，世代都被重用。自崤塞至槐谷一带，他对地势的险要或平坦全都了解，他如果通过齐国，联合韩、魏，反过来图谋秦国，这就对秦国不利了。"秦王说："那可怎么办呢？"苏代说："您不如多给他一些聘礼，提高他的地位，并去迎接他。他要来了，把他安置在槐谷，终身不让他出来，诸侯又怎能图谋秦国呢？"秦王说："好。"于是，给了他上卿的高位，拿了相印到齐国去迎接他。甘茂推辞不去。

苏代为甘茂对齐王说："甘茂是个贤能的人，现在秦王给他上卿的高位，拿了相印去迎接他；甘茂感激您齐王的恩赐，所以不去，愿意做大王的臣子。现在大王打算用怎样的礼遇来对待他呢？大王如果不留住他，他一定不会感激大王。像甘茂那样贤能，他又能够统帅强秦的军队，秦国可就难以对付了。"齐王说："好。"于是，赐给甘茂封为上卿的君令，让他留在齐国。

秦策三

薛公为魏谓魏冉

薛公为魏谓魏冉曰①:"文闻秦王欲以吕礼收齐②,以济天下,君必轻矣。齐、秦相聚以临三晋,礼必并相之③,是君收齐以重吕礼也。齐免于天下之兵,其仇君必深④。君不如劝秦王令弊邑卒攻齐之事⑤。齐破,文请以所得封君。齐破晋强⑥,秦王畏晋之强也,必重君以取晋⑦。齐予晋弊邑,而不能支秦⑧,晋必重君以事秦。是君破齐以为功,操晋以为重也⑨。破齐定封⑩,而秦、晋皆重君;若齐不破,吕礼复用,子必大穷矣。"

【注释】

① 薛公:齐公子田婴。即田文,号孟尝君。魏冉:秦国大臣,原是楚国人,秦昭王母舅。秦武王死后发生内乱,他拥立秦昭王,初任将军,后一再任相国,封于穰邑(在今河南邓县),称穰侯,后加封陶邑(在今山东定陶县西北)。

② 吕礼：秦国将领。秦国相国魏冉曾想要杀死他，因此逃奔齐国，后来又逃回秦国。收：收取，联络，交结。

③ 并相：指同时兼任齐、秦两国的相国。

④ 仇：仇视。

⑤ 弊邑：此指田文所受封的薛邑。

⑥ 晋：即三晋，可兼指三国，也可任指一国或二国，一般说晋国，常特指魏国，此处即指魏国。

⑦ 重君：犹言重用您（魏冉）。

⑧ 支：犹拒，抗拒。

⑨ 操：把持。为重：犹言抬高自己的身价、地位。

⑩ 定封：巩固并扩大自己的封邑。

【解读】

薛公田文为魏国劝说秦相魏冉，说："我听说秦王想通过吕礼去联合齐国，以征服天下，这样，您的地位一定会降低了。齐、秦联合起来，互相协助，以威胁赵、魏、韩三国，吕礼必然会做齐、秦两国的相国，这样，您就等于替吕礼联合了齐国，从而抬高了吕礼的地位。如果齐国避免了遭到诸侯的进攻，无内忧外患，更有余力念及私仇，那就会加深他对您的仇恨。您不如劝秦王让魏国去完成攻齐的任务。魏国如果打败了齐国。我田文将请求魏王把所得的齐国土地作为您的封地。齐国如果被魏国打败，魏国就会强盛起来，秦王担心魏国强盛，一定会借重您去联合魏国。齐、魏交兵，已经疲惫不堪，不能对抗秦国，那么魏国也一定会借重您去讨好秦国。这样，您既收到了打败齐国之功，又倚仗魏国抬高了自己的地位。打败齐国，可以确定您的封地，而且秦、魏都得看重您，不打败齐国。吕礼就又会在齐国被重用，那您必将陷入莫大的困境了。"

范雎至秦

范雎至秦，王庭迎，谓范雎曰："寡人宜以身受令久矣。今者义渠之事急①，寡人日自请太后。今义渠之事已，寡人乃得以身受命。躬窃闵然不敏②，敬执宾主之礼。"范雎辞让。

是日见范雎，见者无不变色易容者③。秦王屏左右，宫中虚无人，秦王跪而请曰④："先生何以幸教寡人？"范雎曰："唯唯⑤。"有间，秦王复请，范雎曰："唯唯。"若是者三。

秦王跽曰⑥："先生不幸教寡人乎？"范雎谢曰："非敢然也。臣闻始时吕尚⑦之遇文王也，身为渔父而钓于渭阳之滨耳。若是者，交疏也。已一说而立为太师，载与俱归者，其言深也。故文王果收功于吕尚，卒擅天下而身立为帝王。即使文王疏吕望而弗与深言，是周无天子之德，而文、武无与成其王也。今臣，羁旅之臣也，交疏于王，而所愿陈者，皆匡君之事，处人骨肉之间，愿以陈臣之陋忠，而未知王心也，所以王三问而不对者是也。臣非有所畏而不敢言也，知今日言之于前，而明日伏诛于后，然臣弗敢畏也。大王信行臣之言，死不足以为臣患，亡不足以为臣忧，漆身而为厉⑧，被发而为狂，不足以为臣耻。五帝之圣而死，三王之仁而死，五伯之贤而死，乌获之力而死，奔、育之勇焉而死。死者，人之所必不免也。处必然之势，可以少有补于秦，此臣之所大愿也，臣何患乎？伍子胥橐载而出昭关，夜行而昼伏，至于蔆水，无以饵其口，坐行蒲服，乞食于吴市，卒兴吴国，阖庐为霸。使臣得进谋如伍子胥，加之以幽囚，终身不复见，是臣说之行也，臣何忧乎？箕子、接舆，漆身而为厉，被发而为狂，无益于殷、楚。使臣得同行于箕子、接舆，漆身可以补所贤之王，是臣之大荣也，臣又何耻乎？臣之所恐者，独恐臣死之后，天下见臣尽忠而身蹶也，是以杜口裹足，莫肯即秦耳。足下上畏太后之严，下惑奸臣之态；居深宫之中，不离保傅之手；终身暗惑，无与照奸；大者宗庙灭覆，小者身以孤危。此臣之所恐耳！若夫穷辱主事，死亡之患，臣弗敢畏也。臣死而秦治，贤于生也。"

秦王跽曰："先生是何言也！夫秦国僻远，寡人愚不肖，先生乃幸至此，此天以寡人恩先生，而存先王之庙也。寡人得受命于先生，此天所以幸先王而不弃其孤也。先生奈何而言若此！事无大小，上及太后，下至大臣，愿先生悉以教寡人，无疑寡人也。"范雎再拜，秦王亦再拜。

范雎曰："大王之国，北有甘泉、谷口，南带泾、渭，右陇、蜀，左关、阪；战车千乘，奋击百万。以秦卒之勇，车骑之多，以当诸侯，譬若驰韩卢⑨而逐蹇兔也，霸王之业可致。今反闭关而不敢窥兵于山东者，是穰侯为国谋不忠，而大王之计有所失也。"

王曰："愿闻所失计。"

雎曰："大王越韩、魏而攻强齐，非计也。少出师，则不足以伤齐；多之则害于秦。臣意王之计欲少出师，而悉韩、魏之兵则不义矣。今见与国之不可亲，越人之国而攻，可乎？疏于计矣！昔者，齐人伐楚，战胜，破军杀将，再辟千里，肤寸之地无得者，岂齐不欲地哉？形弗能有也。诸侯见齐之罢露，君臣之不亲，举兵而伐之，主辱军破，为天下笑。所以然者，以其伐楚而肥韩、魏也。此所谓藉贼兵而赍盗食者也。王不如远交而近攻，得寸则王之寸，得尺亦王之尺也。今舍此而远攻，不亦缪乎？且昔者，中山之地，方五百里，赵独擅之，功成、名立、利附，则天下莫能害。今韩、魏，中国之处，而天下之枢也。王若欲霸，必亲中国而以为天下枢，以威楚、赵。赵强则楚附，楚强则赵附。楚、赵附则齐必惧，惧必卑辞重币以事秦，齐附而韩、魏可虚也。"

王曰："寡人欲亲魏，魏多变之国也，寡人不能亲。请问亲魏奈何？"范雎曰："卑辞重币以事之，不可；削地而赂之，不可；举兵而伐之。"于是举兵而攻邢丘，邢丘拔，而魏请附。

曰："秦、韩之地形，相错如绣。秦之有韩，若木之有蠹，人之病心腹。天下有变，为秦害者莫大于韩。王不如收韩。"王曰："寡人欲收韩，韩不听，为之奈何？"范雎曰："举兵而攻荥阳，则成皋之路不通；北斩太行之道，则上党之兵不下；一举而攻荥阳，则其国断而为三。韩见必亡，焉得不听？韩听而霸事可成也。"王曰："善"。

范雎曰："臣居山东，闻齐之有田单，不闻其有王。闻秦之有太后、穰侯、泾阳⑩、华阳，不闻其有王。夫擅国之谓王，能专利害之谓王，制杀生之威之谓王。今太后擅行不顾，穰侯出使不报，泾阳、华阳击断无讳，四贵备而国不危者，未之有也。为此四者，下乃所谓无王已。然则权焉得不倾，而令焉得从王出乎？臣闻：'善为国者，内固其威，而外重其权。'穰侯使者操王之重，决裂诸侯，剖符于天下，征敌伐国，莫敢不听。战胜攻取，则利归于陶；国弊，御于诸侯；战败，则怨结于百姓，而祸归社稷。《诗》曰'木实繁者披其枝，披其枝者伤其心。大其都者危其国，尊其臣者卑其主。'淖齿管齐之权，缩闵王之筋，县之庙梁，宿昔而死。李兑⑪用赵，减食主父，百日而饿死。今秦，太后、穰侯用事，高陵、泾阳佐之，卒无秦王，此亦淖齿、李兑之类已。臣今见王独立于庙朝矣，且臣将恐后世之有秦者，非王之子孙也。"秦王惧，于是乃废太后，逐穰侯，出高陵，走泾阳于关外。昭王谓范雎曰："昔者，齐公得管仲，时以为仲父。今吾得子,亦以为父。"

【注释】

① 义渠之事:指秦昭王出兵讨伐义渠国之事。《史记·匈奴列传》:"秦昭王时,义渠戎王与宣太后乱,有二子。宣太后诈而杀义渠戎王于甘泉,遂起兵伐残义渠。"即指此。义渠:见《秦策二·义渠君之魏》注。

② 躬窃闵然不敏:犹言自己糊涂迟钝。窃,谦词。闵然,糊涂的样子。不敏,不敏捷,迟钝。

③ 易容:改变容颜,即脸色变了。

④ 跪:古人席地而坐,以臀着足跟曰坐,直起大腿曰跪。

⑤ 唯唯:犹言是是或好好,即谦恭地连声答应的声音。

⑥ 跽(jì季):长跪(跪时两膝据地,挺直身子)。

⑦ 吕尚:周初东海人,本姓姜,先世封于吕,故称吕尚。早年穷困,曾做屠夫。

⑧ 漆身而为厉(lài赖):以漆涂身成了一个生癞疮的人。厉,通"癞"。

⑨ 韩卢:善于追捕猎物的一种狗。蹇(jiān剪)兔:跛脚的兔子。胡三省《资治通鉴》注:"韩卢,天下之骏犬。蹇兔,病足之兔。

⑩ 泾阳:此指泾阳君,为秦昭王同母弟公子市。

⑪ 李兑:赵国司寇,后封为奉阳君。

【解读】

范雎来到秦宫，秦王亲自到大厅迎接。秦王对范雎说："我很久以来，就该亲自来领受您的教导，正碰上要急于处理义渠国的事务，而我每天又要亲自给太后问安；现在义渠国的事已经处理完毕，我这才能够亲自领受您的教导了。我深深感到自己愚蠢糊涂。"于是秦王以正式的宾主礼仪接待了范雎，范雎也表示谦让。这天，凡是见到范雎的人，没有不肃然起敬，另眼看待的。

秦王把左右的人支使出去，宫中只剩下他们两人，秦王直起腰腿，跪身请求说："先生怎样来教导我呢？"范雎只是"啊啊"了两声。过了一会儿，秦王再次请求，范雎还是"啊啊"了两声。就这样一连三次。秦王又拜请说："先生硬是不教导我了吗？"范雎便恭敬地解释说："我并不敢这样。我听说，当初吕尚与文王相遇的时候，他只是一个渔夫，在渭河钓鱼而已，那时，他们交情疏远。此后，当吕尚一进言，就被尊为太师，和文王同车回去，这是因为他谈得很深刻的缘故。所以文王终于因吕尚而建立了功业，最后掌握了天下的大权，自己立为帝王。如果文王当时疏远吕尚，不与他深谈，周朝就不可能有天子的圣德，而文王、武王也不可能成就帝王的事业。现在，我只是个旅居在秦国的宾客，与大王交情疏远，但是希望陈述的又都是纠正君王政务的大事，而且还将干预骨肉之亲。我本想陈述我的愚忠，可又不知大王的心意如何，所以大王三次问我，我都没有回答。我并不是有什么畏惧而不敢进言。我知道，今天在大王面前说了，明天随后就会遭到杀身之祸。但是，我并不畏惧，大王真能按照我的计谋去做，我即使身死，也不会以为是祸患；即使流亡，也不会以此为忧虑；即使不得已漆身为癞，披发为狂，也不会以此为耻辱。五帝是天下的圣人，但终究要死；三王是天下的仁人，但终究要死；五霸是天下的贤人，但终究要死；乌获是天下的大力士，但终究要死；孟贲、夏育是天下的勇士，但终究要死。死，是人人都不可避免的，这是自然界的必然规律。如果能够稍有补益于秦国，这就是我最大的愿望，我还有什么可忧虑的呢？伍子胥当年是躲藏在口袋里，逃出昭关的，他晚上出行，白天躲藏，到了蓤水，吃不上饭饿着肚皮，双膝跪地，双手爬行，在吴市讨饭度日，但终于帮助阖庐复兴了吴国，使吴王阖庐建立了霸业。如果让我像伍子胥一样能呈献计谋，即使遭到囚禁，终生不再出狱，只要能实现我的计谋，我还有什么可忧虑的呢？当初殷韩的箕子，楚国的接舆，漆身为癞，披发为狂，却终究无益于殷、楚。如果使我与箕子，接舆有同样的遭遇，也漆身为癞，只要有益于圣明的君王，这就是我最大的光荣，我又有什么可感到耻辱的呢？我所担心的是，我死了以后，人们见到我这样尽忠于大王，终究还是身死，因此人们都闭口不言，裹足不前，不肯到秦国来。大王对上畏惧太后的威严，对下又迷惑于大臣的伪作，住在深宫之中，不离保傅之手，终身迷惑糊涂，不能了解坏人坏事。这样，大而言之，则使得国家遭受灭亡之祸，小而言之，则使得自己处于孤立的危境。这就是我所担心害怕的。至于穷困、受辱这样的事，身死、流浪这样的不幸，并不是我所害怕的。如果我死了，秦国却治理得很好，这比我活着更要好得多。"秦王跪身说："先生怎么说出这样的话呢？秦国是个偏僻边远的国家，我又是个没有才能的愚人，先生能到敝国来，这是上天让我来烦扰先生，使得先王留下的功业不至中断。我能接受先生的教导，这是上天要先生扶助先王，不抛弃我。先生怎么说出这样的话呢？今后事无大小，上至太后，下及大臣，所有一切，都希望先生一一给我教导，千万不要对我有什么疑惑。"范雎因而再次拜谢，秦王也再次回拜。

范雎说："大王的国家，北有甘泉、谷口，南绕泾水和渭水的广大地区，西面有陇山、蜀地，东面有函谷关、崤山；战车有千辆，精兵有百万。拿秦国兵卒的勇敢，车骑的众多，来抵挡诸侯国，就如驰猛犬去追赶跛兔一般，轻易就可造成霸王的功业。如今反而闭锁函谷关门，兵卒不敢向山东诸侯窥视一下，这是穰侯魏冉为秦国谋划不忠实，而大王的策略有所失误啊！"

秦王说："愿闻所以失计之处！"

范雎说："大王越过韩、魏的国土去进攻强齐，这不是好的计谋。出兵少了，并不能够损伤齐国；多了，则对秦国有害。臣揣大王的计谋，是想本国少出兵，而让韩、魏全部出兵，这就不相宜了。如今明知盟国不可以信任，却越过他们的国土去作战，这可以吗？显然是疏于计算了！从前，齐国攻伐楚国，打了大胜仗，攻破了楚国军队，擒杀了它的将帅，两次拓地千里，终于连寸土也没有得到，难道是齐国不想得到土地吗？疆界形势不允许它占有啊！诸侯见齐国士卒疲弊，君臣不和睦，起兵来攻打它，齐缗王出走，军队被攻破，遭到天下人的耻笑。所以落得如此下场，就因为它伐楚而使韩、魏获得土地壮大起来的缘故。这就是所说的借给强盗兵器而资助小偷粮食啊！大王不如采取结交远国而攻击近国的策略，得到寸土是王的寸土，得到尺地是王的尺地。如今舍近而攻远，这不是个错误的吗？且说从前，中山国的土地，方圆有500里，赵国单独把它吞并，功业也成就了，声名也树立了，财利也归附了，天下也没能把赵国怎么样。如今韩、魏的形势，居各诸侯国的中央，是天下的枢纽。大王如果想要成就霸业，一定先要亲近居中的国家而用它做天下的枢纽，来威胁楚国和赵国。赵国强盛，那么楚就要附秦；楚国强盛，那么赵就要附秦。楚、赵都来附秦，齐国一定恐慌，齐国恐慌肯定会卑下言辞、加重财礼来服侍秦国。如果齐国归附，那么韩、魏就有虚可乘了。"

秦王说："寡人本想亲睦魏国，但魏的态度变幻莫测，寡人无法亲善它。请问怎么办才能亲魏呢？"范雎说："卑下言辞、加重财礼来服侍它。这样不行，就割地来赂赠它，这样还不行；就起兵来攻伐它。"于是起兵来攻打邢丘，邢丘被攻陷，而魏国来请求归附。范雎说："秦、韩两国的地形，相交错有如锦绣。秦旁有韩存在，就像树木有蠹虫，人有心腹之疾一样。天下一朝有变,危害秦国的,没有比韩国再大的。王不如使韩归附于秦。"秦王说:"寡人打算使韩来附,韩国不听从,可怎么办呢?"范雎说:"起兵而攻打荥阳,那么成皋的道路就不通了;北部截断太行的道路,那么上党的兵也就不能南下了;一举而拿下荥阳,那么韩国将分成孤立的三块(谓新郑、成皋、泽潞)。韩国看到自身将要覆亡,怎么能够不听从呢?韩国一顺从,那么霸业就可以成功了。"秦王说:"这很好!"

范雎说:"臣留居在山东之时,听说齐国有一个田单,没有听说齐王;听说秦国有宣太后、穰侯魏冉、泾阳君、华阳君、高陵君,没听说秦国有王。须知专有国家才称作王,能独断利害才称作王,掌握生杀大权才称做王。如今太后擅自行动而不理睬王,进侯遣使而不报告王,泾阳、华阳刑人而不避忌王,国有四贵而不危险的,是不可能的呀!秦国在这四个人的统治下,就是所说的没有王啊!如此,那么权力怎能不倾覆,而号令又怎能从王发出呢?臣听说,善于治理国家的,对内巩固他的威严,而对外重视他的权柄。穰侯的使者操持王权,割分诸侯土地,擅封爵禄于天下,征讨敌人,攻伐异国,没有敢不听从他命令的。打了胜仗,攻取了城邑,则利益归于穰侯的封邑,却使国力疲弊,受制于诸侯;打了败仗,则结怨于百姓,而灾祸归于国家。谚语说:'树木果实过多,会折断树枝;折断树枝的,会损伤根本。城邑太大,会危害国家;大臣过于尊贵,会使君主卑微。'齐相淖齿操纵齐国大权,抽了齐缗王的筋,把王悬在庙梁上,经宿就死掉了。李兑在赵国做司寇,把主父困在沙丘宫而不接济他的粮食,百天就被饿死。如今秦国,太后、穰侯掌政,高陵君、泾阳君辅佐她,竟不把秦王放在眼里,这也是淖齿、李兑一类呀!臣如今见大王在朝廷上已经孤立了,而且臣恐怕后世据有秦国的,并不是大王的子孙啊!"

秦王恐惧,于是遂夺太后权,把穰侯、高陵君、泾阳君逐出函谷关外。昭王对范雎说:"从前,齐桓公得到管仲,称他作仲父。现在我得到你,也以你为叔父。"

秦攻邯郸

秦攻邯郸,十七月不下。庄谓王稽曰[①]:"君何不赐军吏乎?"王稽曰:"吾与王也,不用人言。"庄曰:"不然。父之于子也,令有必行者,必不行者。曰:'去贵妻,卖爱妾',此令必行者也;因曰:'毋敢思也',此令必不行者也。守闾妪曰[②]:'其夕,某孺子内某士[③]。'贵妻已去,爱妾已卖,而心不有[④]。欲教之者[⑤],人心固有。今君虽幸于王,不过父子之亲;军吏虽贱,不卑于守闾妪。且君擅主轻下之日久矣。闻'三人成虎[⑥],十夫揉椎[⑦]。众口所移,毋翼而飞。'故曰,不如赐军吏而礼之。"王稽不听。军吏穷，果恶王稽、杜挚以反⑧。

秦王大怒，而欲兼诛范雎⑨。范雎曰："臣，东鄙之贱人也，开罪于魏⑩，遁逃来奔。臣无诸侯之援，亲习之故，王举臣于羁旅之中，使职事，天下皆闻臣之身与王之举也。今遇惑或与罪人同心，而王明诛之，是王过举显于天下，而为诸侯所议也。臣愿请药赐死，而恩以相葬臣，王必不失臣之罪，而无过举之名。"王曰："有之。"遂弗杀而善遇之。

【注释】

① 庄：姓佚，名庄，秦国人。

② 妪（yù玉）：年老的女人。

③ 孺子：年轻妇女的美称。姚本作"懦子"，从鲍本改为"孺子"。并注曰："孺子，乳也，妇之尝乳者。亦妇人之美称，《齐策》：'王有七孺子'。"

④ 有：犹欲。鲍本："有，犹欲之也。言父虽令之，而非其所欲，故令之勿思，则必不行。"

⑤ 教：犹言控告。

⑥ 三人成虎：是说有三人谎报市上有虎，听者就信以为真。比喻谣言或讹传一再反复，就有使人信以为真的可能。

⑦ 揉椎：矫揉直的木棒可以使它弯曲。鲍本："揉，屈申木也。"

⑧ 杜挚：王稽的助手。鲍本："挚，稽之副也。《雎传》

言稽与诸侯通，则所恶，亦其实也。"

⑨ 兼诛范雎：一起处死范雎。秦法规定，举荐人任官不善，举主人连罪。王稽为范雎所荐，王稽弃市，故云欲兼诛范雎。

⑩ 东鄙：魏在秦之东，故云东鄙。鄙，边邑。

【解读】

秦兵攻打邯郸，经过17个月的苦战也没攻下，秦国有个叫佚庄的人对秦将王稽说："您为什么不赏赐下级军官呢？"王稽说："我和君主之间，彼此互相信赖，用不着听别人的。"

佚庄又说："我认为你的话不对，即使是父子的关系，也有令在必行和不必实行之分。假如说'丢掉娇妻，卖掉爱妾'，这就是一道必行的命令，假如说'想也不想自己的妻妾'，就是一道必然不能实行的命令。有一个看守闾里大门的老太太说：'那天晚上，那年轻媳妇召进一个野男人。'对前一件事来说，娇妻已经走了，爱妾也已经卖了，而父亲不应说不许有思念之情。对后一件事说，想要控告他们同奸，每个人本来就都能有这种想法。现在阁下虽然很得君王的宠信，但是却不会超过父子的骨肉至亲；而下级军官虽然身份微贱，总不会低于看门的老太婆。况且阁下仰仗君王的宠信，平日一直轻视属下。常言道：'三个人说有虎，大家就都相信有虎；十个有说大力士可以折弯铁椎，大家也都会相信；如果大家都那样说，就可以使东西不翼而飞。'

所以实在不如赏赐诸将加以优遇！"可是王稽不肯采纳这项建议，后来诸将处在困境时，果然有人返回秦国，控告了王稽和杜挚谋反。

结果秦昭王大怒，甚至于要把范雎一起处死。范雎说："臣只不过是东方乡间一个草民，由于在楚、魏犯了法，才逃到秦国来。臣并没有诸侯的支援，同时也没有亲友在秦国朝中。可是大王即能在臣流浪时加以重用，托付以军国大任，天下的人都知道臣与大王的事。如今臣遇到谗言，有人认为臣和罪人同心，而大王要公开杀臣，就等于说大王以前重臣是错误的，必然会招致天下诸侯的议论。所以臣愿意服毒自尽，并且恳请大王恩准以宰相之礼葬臣。这样，大王虽然处臣以死罪，也不会落得一个误用重臣之名。"秦昭王说："有道理！"于是秦王没有杀范雎，而且仍然厚待他。

秦策四

秦取楚汉中

秦取楚汉中,再战于蓝田①,大败楚军。韩、魏闻楚之困,乃南袭至邓②,楚王引归③。后三国谋攻楚④,恐秦之救也,或说薛公:"可发使告楚曰:'今三国之兵且去楚⑤,楚能应而共攻秦,虽蓝田岂难得哉⑥!况于楚之故地⑦?'楚疑于秦之未必救已也,而今三国之辞云⑧,则楚之应之也必劝,是楚与三国谋出秦兵矣⑨。秦为知之,必不救也。三国疾攻楚,楚必走秦以急;秦愈不敢出,则是我离秦而攻楚也,兵必有功。"

薛公曰:"善。"遂发重使之楚,楚之应之果劝。于是三国并力攻楚,楚果告急于秦,秦遂不敢出兵。大胜有功。

【注释】

① 蓝田:地名,在今陕西蓝田县西部。秦夺取楚地汉中,

楚怀王大怒，又出兵袭秦，最终楚军再次战败于蓝田。

② 邓：邑名，在今河南郾城县东南，战国时属楚。

③ 引归：退兵回国。

④ 三国：指齐、韩、魏三国。

⑤ 且去楚：将要离开楚国，意即不攻打楚国转而攻秦。

⑥ 虽：即使。

⑦ 况于楚之故地：更何况楚国原来的失地。

⑧ 云：姚本作"去"，从鲍本改为"云"。

⑨ 是楚与三国谋出秦兵：这就造成了楚国和齐、韩、魏三国谋划出兵攻打秦国的局面。

【解读】

秦国夺取楚国的汉中，又在蓝田大败楚军。当韩、魏得知楚国大败以后，就发兵南下攻打楚国的邓邑，因此迫使楚怀王从蓝田退兵。其后齐、韩、魏三国计划攻楚，可是又担心秦国会出兵干涉，正巧这时有人对齐相薛公孟尝君田文说："阁下可派遣特使去楚国说：'现在三国联军就在从楚国撤退，假如楚国响应三国共同出兵攻打秦国，即使得到秦的蓝田也没什么困难，何况楚国的故地汉中呢？'这时楚国由于怀疑秦未必能救自己，如今三国又要从楚国撤兵，那么楚国必然会答应这个条件，而跟三国共同出兵攻打秦国。秦国知道此事后，一定不肯救援楚国，到这时三国再出其不意攻打楚国，楚必然前往秦国告急，然而秦国可能更加不敢出兵。换句话说，就是离间秦国而攻楚，如此必然能获全胜。"

薛公田文说："很好！"于是就派重使前往楚国交涉，楚国果然积极响应。不久后齐、韩、魏三国就联兵攻楚，楚果然向秦国告急，可是秦却不敢出兵，因而三国联军大获全胜。

三国攻秦入函谷

三国攻秦①，入函谷②。秦王谓楼缓曰③："三国之兵深矣，寡人欲割河东而讲④。"对曰："割河东，大费也；免于国患，大利也。此父兄之任也⑤。王何不召公子池而问焉⑥？"

王召公子池而问焉，对曰："讲亦悔，不讲亦悔。"王曰："何也？"对曰："王割河东而讲，三国虽去，王必曰：'惜矣⑦！三国且去，吾特以三城从之⑧。'此讲之悔也。王不讲，三国入函谷，咸阳必危⑨，王又曰：'惜矣！吾爱三城而不讲。'此又不讲之悔也。"王曰："钧吾悔也，宁亡三城而悔，无危咸阳而悔也。寡人决讲矣。"卒使公子池以三城讲于三国，三国之兵乃退⑩。

【注释】

① 三国：齐、韩、魏三国。

② 函谷：见西周策注。

③ 秦王：即秦昭王。楼缓：赵国人，当时为秦相国。

④ 河东：今山西黄河以东之地。先属魏，后属秦。讲：通"媾"，媾和。

⑤ 父兄：犹言公族，国王的亲族。鲍本："谓公族。"

⑥ 公子池：即公子他，昭王的庶兄。

⑦ 惜：此指惜河东之地。鲍本："悔其失地。"

⑧ 三城：指河东三县，即武遂、封陵、齐城。

⑨ 咸阳：秦国京都（故城在今咸阳市北）。

⑩ 三国之兵乃退：姚本"之兵"前无"三国"二字。从鲍本注补。

【解读】

齐、韩、魏三国攻打秦国，攻入函谷关。秦昭王对宰相楼缓说："三国联军势力强大，我想要割河东之地讲和。"楼缓说："割河东之地代价太大，但是消除国家灾难却是一大利益，解决此事是王与公子的责任，君王为什么不召见公子池讨论呢？"

于是秦昭王就召见公子池询问。公子池回答说："讲和也会懊悔，不讲和也会懊悔。"秦昭王说："为什么呢？"公子池回答说:"君王割让河东之地跟三国讲和,三国虽然会退兵,但是君王事后必定要说:'可惜!三国本来就要退兵,我白白把河东之地割让给他们。'这是讲和的懊悔。君王假如不讲和,三国之军攻进了函谷关,首都咸阳必定危险,这时君王又要说:'可惜!我因为舍不得三个城,竟然没和敌人讲和。'这是不讲和的懊悔。"秦昭王说:"既然都是懊悔,那我宁愿失去河东三城而懊悔,也不愿为使咸阳受到危险而懊悔,所以我一定讲和。"结果就派公子池为特使,用河东之地跟三国讲和,三国联军这才撤退。

或为六国说秦王

或为六国说秦王曰①:"土广不足以为安,人众不足以为强。若土广者安,人众者强,则桀、纣之后将存②。昔者,赵氏亦尝强矣。曰赵强何若?举左案齐③,举右案魏,厌案万乘之国④,二国,千乘之宋也。筑刚平⑤,卫无东野,刍牧薪采莫敢窥东门⑥。当是时,卫危于累卵,天下之士相从谋曰:'吾将还其委质,而朝于邯郸之君乎!'于是天下有称伐邯郸者,莫令朝行。魏伐邯郸,因退为逢泽之遇,乘夏车,称夏王,朝为天子,天下皆从。齐太公闻之,举兵伐魏,壤地两分,国家大危。梁王身抱质执璧,请为陈侯臣,天下乃释梁。郢威王闻之,寝不寐,食不饱,帅天下百姓,以与申缚遇于泗水之上,而大败申缚。赵人闻之至枝桑,燕人闻之至格道。格道不通,平际绝。齐战败不胜,谋则不得,使陈毛释揿撤,委南听罪⑦,西说赵,北说燕,内喻其百姓,而天下乃齐释。于是夫积薄而为厚,聚少而为多,以同言郢威王于侧牖之间。臣岂以郢威王为政衰谋乱以至于此哉?郢为强,临天下诸侯,故天下乐伐之也!"

【注释】

① 秦王:即秦王嬴政,当时已称为始皇帝。

② 桀、纣之后将存:夏桀和商纣的后代将绵延不断。姚本:"言王者以仁义为安强,虽土广人众而无仁义,犹将危亡,故桀、纣不能自存也。"

③ 举左案齐:向左(即东面)进军就能镇住齐国。案,抑制。鲍本:"言举兵于左,则齐下。案,下也。"

④ 厌案:犹言抑制止住。厌,通"压"。

⑤ 筑刚平:兴建刚平城。刚平,地名,在今河南清半县西南有刚平城。

⑥ 刍牧薪采莫敢窥东门:是说卫国人放牧打柴不敢向东门看一眼。

⑦ 委南听罪:委去南面之尊而听罪于楚。

【解读】

有人为六国对秦王游说："土地虽然广大，却不足以维持安宁；人口虽然众多，却不足以维持强盛。假如土地广而安宁，人多而强盛，那么桀、纣的后代将延续到如今。以前赵国曾经也强大过，要问赵国是怎样强大的？那就是向左边来压制齐国，向右边压制魏国；压制两个万乘之国齐、魏，犹如制服千乘小国宋国一样。赵国夺取了刚平，因而使卫丧失了东野，割草、放牧的、砍柴的都不敢走出东门。这时候的卫国命运，比累卵还要危险。这时天下的游说士，纷纷谋划说：'我们将要屈膝改事敌人，而向赵都邯郸的君主朝贡。'这样凡是天下有主张攻打邯郸的，没有不立刻采纳实行的。魏国终于攻陷了邯郸，收兵回国后在逢泽与诸侯会盟，魏王坐上夏车而自称为王，一朝之间就成为天子，天下诸侯都服从。

"然而齐太公听了之后，就兴兵伐魏，把魏国土地划分为二，以致使魏面临灭亡命运。魏惠王亲自拿着礼品，献上玉璧，请求当陈侯的臣子，于是天下诸侯都原谅了魏。然而楚威王听到齐国压服了魏国以后，竟然寝食不安，最后终于率领天下人民，来和齐将申缚在泗水之畔相遇，结果大破申缚之军。赵人听说楚、齐开战以后，进兵到枝桑，燕人听说楚、齐开战以后进兵到格道，格道不能通行，楚和燕相约断绝与齐交往。齐国战而不胜，谋划也不成。只好派陈毛告诉军队丢掉佩剑，撤除夜间的警戒，并到楚国去屈膝请罪，往西游说赵国，往北游说燕国，在国内安抚人民，这样天下诸侯才原谅齐国。于是乎积少成多，聚弱为强，天下诸侯都在暗中聚会议论楚威王。我并不认为楚威王是由于政治败坏，政策紊乱才弄到这个地步，楚本来强大，但是因为过于逞强，所以天下诸侯都愿意讨伐楚国。"

秦策五

谓秦王

谓秦王曰①:"臣窃惑王之轻齐易楚,而卑畜韩也②。臣闻,王兵胜而不骄,伯主约而不忿③。胜而不骄,故能服世;约而不忿,故能从邻。今王广德魏、赵,而轻失齐,骄也;战胜宜阳,不恤楚交,忿也。骄忿非伯主之业也。臣窃为大王虑之而不取也。

"《诗》云:'靡不有初,鲜克有终'。故先王之所重者,唯始与终。何以知其然?昔智伯瑶残范、中行④,围逼晋阳,卒为三家笑;吴王夫差栖越于会稽,胜齐于艾陵,为黄池之遇,无礼于宋,遂为勾践禽,死于干隧;梁君伐楚胜齐,制赵、韩之兵,驱十二诸侯以朝天子于孟津,后子死,身布冠而拘于秦。三者非无功也,能始而不能终也。

"今王破宜阳,残三川,而使天下之士不敢言;雍天下之国,徙两周之疆,而世主不敢交阳侯之塞;取黄棘,而韩、楚之兵不敢进。王若能为此尾，则三王不足四，五伯不足六。王若不能为此尾，而有后患。则臣恐诸侯之君，河、济之士，以王为吴、智之事也。

"《诗》云：'行百里者半于九十。'此言末路之难。今大王皆有骄色，以臣之心观之，天下之事，依世主之心，非楚受兵，必秦也。何以知其然也？秦人援魏以拒楚，楚人援韩以拒秦，四国之兵敌而未能复战也。齐、宋在绳墨之外以为权，故曰先得齐、宋者伐秦。秦先得齐、宋，则韩氏铄⑤；韩氏铄，则楚孤而受兵也。楚先得齐，则魏氏铄；魏氏铄，则秦孤而受兵矣。若随此计而行之，则两国者必为天下笑矣。"

【注释】

① 秦王：此处指秦武王。

② 卑畜韩：认为韩国卑贱如畜，即不以礼相待。

③ 约而不忿：是说生活上节俭而且没有忿怨。姚本："忿，怨也。伯主约俭劳谦，故不有所忿怨。"

④ 范：范吉射，即昭子，晋国六卿之一。中行：中行寅，即文子，晋国六卿之一。

⑤ 铄（shuò硕）：以销金比喻兵力减弱。

【解读】

有人对秦武王说："我在私下里很不理解，大王为什么要轻视齐、楚，而且对韩国也很不礼貌。我听说，圣王的兵战胜敌人不骄傲，霸主的兵战败了不愤怒。战胜而不骄傲，所以才能威服天下；严格约束而不怨怒，所以才能和邻国和睦相处。现在大王对魏、赵广施恩德，却轻易地失去齐国的交往，这就是因为骄傲了的缘故；宜阳的战事胜利以后，就不顾秦、楚的邦交，这就是因为愤怒的缘故。而喜欢骄傲和愤怒的君主，都不能建立王霸事业。因此我常在私下为大王担心，认为大王不应该这样做。

"《诗经》中有'万事万物都有个开端，但是很少有圆满的结果'的说法，所以圣王特别重视开始和结局。怎么才能知道这个道理呢？从前智伯瑶灭范、中行氏时，率军围攻赵国的晋阳，结果失败，而被韩、赵、魏三家所耻笑。吴王夫差把越王勾践围困在会稽，并且在艾陵地方战胜齐国，在黄池大会诸侯时，不料得罪了宋国，结果被勾践擒获，把他杀死在干隧。梁惠王攻打楚国，战胜齐国，控制住赵、韩之军，然后率领十二诸侯到孟津去朝见周天子，后来太子申被杀死，梁惠王头戴布帽被囚禁在秦国。智伯瑶、吴王夫差、梁惠王等三人，当初并非没有立功，只是因为他们能够慎始而不能慎终，所以到后来才招致惨败。

"现在大王攻破宜阳，占领三川，灭亡东西周，竟使天下人都不敢议论。现在秦国又堵塞天下的诸侯国家的联系，变更东周和西周的疆界，也使各国诸侯都不敢在边疆险隘之地会合，又夺取了黄棘，让韩、楚之军不敢前进。大王如果再能善始善终，那么三王不愁变成四个，五霸也不愁变成六个。如果大王不能坚持到底，一定还有后患存在。我怕诸侯的君主和黄河尝济水一带士人，会认为大王是步吴王和智伯的后尘。

"《诗经》上说：'走100里路的人，如果走到90里就放弃，那也只能算是走了一半路程。'这意思也就是说，最后的路很难走。现在大王做什么事都有骄纵之色，根据我的看法来推测，天下大事，各诸侯的心里都认为，不是楚国遭受战祸，就是秦国招致兵灾。何以见得呢？秦人援助魏国抗拒楚国，楚人援助韩国抵拒秦国。由于四国兵力均衡，都无法战胜对方。宋、齐在战线以外作出援助的姿态，所以先得到齐、宋的就可以攻秦。秦国要是先得到齐、宋援助，韩国必定衰弱；韩国衰弱以后，秦国就孤立无援，容易遭受战祸。假如秦国先得到齐国的援助，魏国就会衰弱。魏国衰弱后，秦国就孤立无援，遭受诸侯攻伐。假如按照这条路走下去，秦、楚两国必定将有一方被天下人嘲笑。"

濮阳人吕不韦贾于邯郸

濮阳人吕不韦贾于邯郸①，见秦质子异人②，归而谓父曰："耕田之利几倍？"曰："十倍。""珠玉之赢几倍？"曰："百倍。""立国家之主赢几倍了"曰："无数。"曰："今力田疾作，不得暖衣余食；今建国立君，泽可以遗世。愿往事之。"

秦子异人质于赵，处于聊城。故往说之曰："子傒③有承国之业，又有母在中。今子无母于中，外托于不可知之国，一旦倍约，身为粪土。今子听吾计事，求归，可以有秦国。吾为子使秦，必来请子。"乃说秦王后弟阳泉君曰："君之罪至死，君知之乎？君之门下不居高尊位，太子门下无贵者。君之府藏珍珠宝玉，君之骏马盈外厩，美女充后庭。王之春秋高，一旦山陵崩，太子用事，君危于累卵，而不寿于朝生。说有可以一切而使君富贵千万岁，其宁于太山四维，必无危亡之患矣。"阳泉君避席，请闻其说。不韦曰："王年高矣，王后无子，子傒有承国之业，士仓又辅之。王一日山陵崩，子傒立，士仓用事，王后之门，必生蓬蒿。子异人贤材也，弃在于赵，无母于内，引领西望，而愿一得归。王后诚请而立之，是子异人无国而有国，王后无子而有子也。"阳泉君曰："然。"入说王后，王后乃请赵而归之。

赵未之遣，不韦说赵曰："子异人，秦之宠子也，无母于中，王后欲取而子之。使秦而欲屠赵，不顾一子以留计，是抱空质也。若使子异人归而得立，赵厚送遣之，是不敢倍德畔施，是自为德讲。秦王老矣，一旦晏驾④，虽有子异人，不足以结秦。"赵乃遣之。

异人至，不韦使楚服而见。王后悦其状，高其知，曰："吾楚人也。"而自子之，乃变其名曰楚。王使子诵，子曰："少弃捐在外，尝无师傅所教学，不习于诵。"王罢之，乃留止。间曰："陛下尝轫车于赵矣，赵之豪杰，得知名者不少。今大王反国，皆西面而望。大王无一介之使以存之，臣恐其皆有怨心。使边境早闭晚开。"王以为然，奇其计。王后劝立之。王乃召相，令之曰："寡人子莫若楚。"立以为太子。

子楚立，以不韦为相，号曰信文侯，食蓝田十二县⑤。王后为华阳太后，诸侯皆致秦邑。

【注释】

① 濮阳：卫国都城，在今河南濮阳县西南。吕不韦：濮阳大商人，后因助秦庄襄王继位，封文信侯。贾（gu古）：商人，有行商坐贾之说，此处用如动词，做买卖。邯郸：赵国都城，在今河北邯郸市西南。

② 质子：作人质的王子。异人：昭襄王之孙，孝文王之子，昭王时质于赵，后为庄襄王。

③ 子傒：孝文王长子，异人的异母兄。孝文王立子傒为太子，将以继承王位，所以说"有承国之业"。

④ 晏驾：本指宫车晚出，此比喻君王的死亡。

⑤ 食蓝田十二县：以蓝田等十二县的租赋为他的官禄。蓝田，在今陕西蓝田县西。致秦邑：送给秦国城邑。

【解读】

濮阳人吕不韦去赵国首都邯郸经商,看到秦国人质孝文王的庶子异人,回去以后就对父亲说:"耕田的利润有几倍?"他父亲回答说:"10倍。""经营珠玉利润几倍?"他父亲回答说:"100倍。"吕不韦又问:"拥立国家的君主可以赢利多少呢?"他父亲回答说:"无法数计。"于是吕不韦就说:"现在我们每年辛苦劳作,仍然不能获得温饱或发财。但是假如能建立国家,拥立一个君主,就可把财产传给子孙,我现在决心去做这件事。"

秦国的王子异人在赵国当人质,他住在赵国的聊城,于是吕不韦特地去见异人说:"你们异母兄子傒有继承秦国王位的资格,在朝中有母亲势力为后盾。而你现在朝中既没有母亲的援助,而外面又身在敌国当人质,一旦秦、赵两国发生战争,那你的性命将难以保全。现在你如果听我的话,设法回到你的祖国,你就可继承王位。我替你到秦国去活动以后,秦国必然派人来请你回去。"

于是吕不韦就去了秦国,对秦孝文王王后华阳夫人的弟弟阳泉君说:"阁下罪当该死,你知道吗?阁下食客都身居高位,可是太子门下反而没有显贵。阁下府中珍藏有大量珍宝,阁下的骏马拴满马房,而后宫佳丽如云。当今的秦王已经年纪很高,一旦不幸崩逝,太子傒即位以后,那阁下的命运就比累卵还要危险,生命就像朝生暮谢的小植物那样短。现在我有一个计划，阁下可以相机去实行，不但能使阁下富贵，而且能使阁下享尽天年，绝对没有任何危险和忧虑。"阳泉君赶紧站起让座，并请吕不韦详细解说，吕不韦继续说道："秦王的年事已高，王后又没有儿子，只有子傒有资格继承王位，由秦臣士仓辅佐，君王一旦崩逝以后，子傒即位为秦王，由士仓掌理大权，到那时王后的门前必然会冷落到要长满蓬蒿野草了。如今王子异人是一位很有才干的人，可惜却被遗弃赵国当人质，朝中又没有母亲的爱护，他经常伸长脖子向西望，很想能回国一次。假如王后能请君王立异人为太子，就等于是使无国的异人变成有国，使无子的王后变成了有子。"阳泉君说："是的。"于是就赶紧劝说王后。不久王后要求赵国将异人送回秦国。

还没等送异人回秦，吕不韦又去对赵王说："秦王子异人是秦王所宠爱的王子，只因为在朝中没有母亲的爱护，因此王后想要把他收为王子。假如秦国想要灭亡赵国，也不会由于顾虑到一个王子在赵国而就延迟秦国灭亡赵国的计划，所以赵国只拥有一个空的抵押品。假如异人回国能继承王位，而赵国又很有礼貌地送他回国，他必然不敢忘怀赵国的恩惠，即位以后就和赵国结为盟邦。现在秦王已经老了，一旦驾崩以后，那时赵国虽然有王子异人为人质，赵国也无法和秦国结为盟邦。"于是赵国就把异人送回秦国。

异人回到秦国之后，吕不韦让他穿楚国服装去见王后。王后看到异人很高兴,就一再夸奖他的聪明说:"我也是楚国人。"于是就立刻收异人为子,并且替他改名为'子楚'。孝文王想叫异人当场背诵一段经书,异人回答说:"儿臣从小就被送到外国当人质,并没有老师教我读书,所以不会背诵经书。"这样孝文王才不让子楚背诵经书,并把他留在宫中。过了一会儿,子楚对孝文王说:"君王以前曾在赵国停车,因此赵国豪杰都知道君王的大名。现在君王回国了,他们都向西方遥望君王,假如君王不派一个使者去问候他们,我惟恐他们都要存有怨恨的心情,不如让边关早闭晚开。"孝文王以为子楚这话说得有道理,并夸他善于奇谋。这时王后就劝孝文王立子楚为太子。于是孝文王就召见相国说:"我的王子都不如子楚,现在我就立子楚为太子。"

后来子楚继承秦国王位以后,任命吕不韦为相国,封他为"文信侯",用蓝田12县的收入为俸禄。同时封王后为华阳太后,天下诸侯都到秦国为太后来进献养地。

四国为一将以攻秦

四国为一①,将以攻秦。秦王召群臣宾客六十人而问焉②,曰:"四国为一,将以图秦,寡人屈于内③,而百姓靡于外④,

为之奈何？"群臣莫对。姚贾对曰⑤："贾愿出使四国，必绝其谋，而安其兵⑥。"乃资车百乘，金千斤，衣以其衣⑦，冠带以其剑。姚贾辞行，绝其谋，止其兵，与之为交以报秦。秦王大悦。贾封千户⑧，以为上卿。韩非知之，曰："贾以珍珠重宝，南使荆、吴，北使燕、代之间三年，四国之交未必合也，而珍珠重宝尽于内。是贾以王之权，国之宝，外自交于诸侯，愿王察之。且梁监门子，尝盗于梁，臣于赵而逐。取世监门子，梁之大盗，赵之逐臣，与同知社稷之计，非所以厉群臣也。"

王召姚贾而问曰："吾闻子以寡人财交于诸侯，有诸？"对曰："有。"王曰："有何面目复见寡人？"对曰："曾参孝其亲，天下愿以为子；子胥忠于君，天下愿以为臣；贞女工巧，天下愿以为妃；今贾忠王而王不知也。贾不归四国，尚焉之？使贾不忠于君，四国之王尚焉用贾之身？桀听谗而诛其良将，纣闻谗而杀其忠臣，至身死国亡。今王听谗则无忠臣矣。"

王曰："子监门子，梁之大盗，赵三逐臣。"姚贾曰："太公望，齐三逐夫，朝歌之废屠，子良之逐臣，棘津之雠不庸，文王用之而王。管仲，其鄙人之贾人也，南阳之弊幽，鲁之免囚，桓公用之而伯。百里奚，虞之乞人，传卖以五羊之皮，穆公相之而朝西戎。文公用中山盗⑨，而胜于城濮。此四士者，皆有诟丑，大诽天下，明主用之，知其可与立功。使若卞随、务光、申屠狄，人主岂得其用哉！故明主不敢其汙，不听其非，察其为己用。故可以存社稷者，虽有外诽者不听；虽有高世之名，无咫尺之功者不赏。是以群臣莫敢以虚愿望于上。"

秦王曰："然。"乃复使姚贾而诛韩非。

【注释】

① 四国：即下文所说的荆、吴、燕、代四国。荆即楚，吴并于越犹称吴，代并于赵犹称代。

② 秦王：嬴政，统一六国后称始皇。

③ 屈于内：犹言国内的财力匮乏。

④ 靡于外：耗尽在外边。靡，犹尽。

⑤ 姚贾：魏国人，曾仕赵，后仕于秦。

⑥ 安其兵：使四国按兵不出。安，止。

⑦ 衣（yì义）以其衣：即使姚贾穿上王的衣服。

⑧ 贾封千户：封姚贾食邑千户。

⑨ 中山盗：中山国的著名大盗。城濮：地名，在今山东鄄城西南临濮集。

【解读】

燕、赵、吴、楚等四国联军将要攻打秦国。秦王政就召集群臣和60位宾客讨论这件事，他首先发问说："燕、赵、吴、楚组成联合阵线，企图攻打秦国。在国内寡人有很多难题，在国外将士又节节败退，寡人真不知如何是好？"群臣听了这番话，都不知道如何回答，这时姚贾回答说："臣愿为大王出使四国，一定可以消除他们的念头,不让他们出兵攻秦。"于是秦王就拨给姚贾战车100辆,黄金1000斤,让他穿戴上自己的衣冠,挂上自己的佩剑。于是姚贾就向秦王辞行,遍访四国,不但制止了四国攻秦的谋略,而且分别跟四国缔造盟约成为秦国的友邦。姚贾向秦王复命以后,秦王非常高兴,马上封给他1000户城邑,任命他为上卿。

韩非知道了这件事以后说:"姚贾拿着珍珠重宝,出使南方在吴、楚一带活动,出使北方在燕、代之间的游说,总共费了三、四年之久的时间,然而四国的盟约未必可靠,我国府库中的珍宝却被用尽。由此看来,姚贾是利用王权和国宝,在国外私自结交诸侯,希望大王明察。况且姚贾是魏都大梁一个守门人的儿子,他曾经在魏国作过强盗,后来在赵国做官不力而被放逐。可见仅凭一个看门卒的儿子,而且又在魏国当过强盗,同时又是赵国的逐臣,大王重用这种人担任外交使臣,跟他谋商社稷大计,绝对不是鼓励群臣的上策。"

于是秦王就召见姚贾问道:"寡人听说贤卿用寡人的珍宝私交诸侯,到底有没有这回事呢?"姚贾回答说:"有的呀!"秦王政又问:"你既然作出这种事,那你还有什么脸见寡人?"姚贾回答说:"曾参孝顺父母,因而全天下的父母都愿意曾参这样的人做自己的儿子;伍子胥忠于君主,因而全天下的君主都愿意伍子胥这样的人做自己的臣子;贞女手巧,因而全天下的丈夫都愿意贞女这样的人做自己的妻子。现在臣虽然忠于大王,可是大王并不了解；假如我不让四国归服秦王，还能让他们归服谁呢？假使我不忠于大王，四国之王还怎么能信用我自己呢？夏桀听信谗言杀死自己的忠臣，终于导致身死国亡。现在大王如果听信谗言，那可就没有忠臣了。"

秦王说："你过去曾经是看门人的儿子，魏国的大盗，赵国的逐臣。"姚贾说："太公吕望，在齐国时曾是被老婆赶跑的男子汉，在朝歌时曾是连肉都卖不出去的屠夫，还是子良的逐臣。在棘津时连卖劳力都没有人雇佣，然而周文王任用他却统一了天下。管仲，他曾经是鄙人那地方的商贩，在南阳时隐身苟活，在鲁国时又是一个没有定罪的阶下囚，然而齐桓公用他便称霸诸侯。百里奚曾经是虞国的乞丐，相传他的身价仅值5张羊皮，然而秦穆公用他做相国，竟使西戎各国都来朝拜。晋文公也用了中山的大盗，才在濮城地方战胜楚国。这四个人都有令人羞耻的事情，让天下人看不起，然而英明的君主用了他们，知道可以同他们建立功业。假使像卞随、务光、申屠狄这样的人，人主哪里能任用他们呢？所以英明的君主不取他们的污点，不听他们的谬论，只考虑那些于自己有用的地方。所以只要可以使国家得以保存的，哪怕外界有人说他们的坏话也决不听信；哪怕有高出世人的名声，没有建立尺寸功劳的也不予以赏赐。因此群臣们没有谁敢不建立功劳就向君王索取奖赏的。"

秦王说："有道理。"于是继续任用姚贾并杀掉了韩非。

齐策一

秦假道韩魏以攻齐

秦假道韩、魏以攻齐，齐威王使章子将而应之①。与秦交和而舍，使者数相往来，章子为变其徽章以杂秦军②。候者言章子以齐入秦③，威王不应。顷之间④，候者复言章子以齐兵降秦，威王不应。而此者三⑤。有司请曰："言章子之败者，异人而同辞。王何不发将而击之？"王曰："此不叛寡人明矣，曷为击之！"

顷间，言齐兵大胜，秦军大败，于是秦王称西藩之臣而谢于齐⑥。左右曰："何以知之？"曰："章子之母启得罪其父，其父杀之而埋马栈之下⑦。吾使章子将也，勉之曰：'夫子之强，全兵而还⑧，必更葬将军之母。'对曰：'臣非不能更葬先妾也。臣之母启得罪臣之父，臣之父未教而死。夫不得父之教而更葬母，是欺死父也，故不敢。'夫为人子而不欺死父，岂为人臣欺生君哉？"

【注释】

① 齐威王：当为齐宣王。下同。章子：齐国名将匡章。应：击，迎战。

② 交和：两军对恃。鲍本："《孙子》，两军相对曰交和。"舍：驻扎，屯驻。徽章：旌旗，在此指旗帜衣服而言。

③ 侯者：侦探，犹言侦察兵。以：率领。

④ 顾之间：不一会儿。

⑤ 而：犹如，像。

⑥ 秦王：秦惠文王。称：自称。姚本作"拜"，鲍本作"称"，从鲍本。西藩之臣：西面的臣子。

⑦ 启：章子母亲之名。马栈：马圈、马棚。

⑧ 全兵：指率领全部军队归来，犹言胜利归来。

【解读】

秦军要通过韩、魏去攻打齐国，齐威王派章子为将应战。章子与秦军对阵，军使来往频繁，章子把军旗换成秦军的样子，然后派部分将士混入秦军。这时齐的探兵回报齐王说章子率齐降秦，齐威王听了之后没什么反应。不一会儿，又一个探兵来报告，说章子已经率齐军降秦，齐威王听取之后没什么反应。不一会儿，又一个探兵又来报告，说章子已经率齐军降秦，可是威王仍然没有什么反应。如此经过几次报告，一个朝臣就请求威王说:"都说章子打了败仗,报告的人虽然不同,可是内容却相同。君王为何不遣将发兵攻打?"齐威王回答说:"章子绝对不会背叛寡人,为什么要派兵去攻打他呢?"就在这个期间传来捷报,齐军大获全胜,秦军大败溃退,秦惠王只好自称西藩之臣,而派特使向齐国谢罪请和,这时齐威王的左右侍臣就说:"大王怎么知道章子绝对不降秦呢?"齐威王回答说:"章子的母亲启,由于得罪他父亲,就被他父亲杀死埋在马棚下,当寡人任命章子为将军时,寡人曾勉励他说:'先生的能力很强,过几天率领全部军队回来时,一定要改葬将军的母亲。'当时章子说:'臣并非不能改葬先母,只因臣的先母得罪先父,而臣父不允许臣改葬。假如臣不得父亲的允许而改葬母亲,岂不是等于背弃亡父的在天之灵。所以臣才不敢为亡母改葬。'由此可见,做为人子竟不敢欺负死去的父亲,难道他做人臣还能欺辱活着的君王吗!"

苏秦为赵合从说齐宣王

苏秦为赵合从,说齐宣王曰:"齐南有太山,东有琅邪,西有清河,北有渤海,此所谓四塞之国也①。齐地方二千里,带甲数十万，粟如丘山。齐车之良，五家之兵，疾如锥矢，战如雷电，解如风雨，即有军役，未尝倍太山、绝清河、涉渤海也②。临淄之中七万户，臣窃度之，不下户三男子，三七二十一万，不待发于远县，而临淄之卒，固以二十一万矣③。临淄甚富而实，其民无不吹竽、鼓瑟、击筑、弹琴、斗鸡、走犬、六博、蹴鞠者④；临淄之途，车毂击，人肩摩，连衽成帷，举袂成幕⑤，挥汗成雨；家敦而富，志高而扬。夫以大王之贤与齐之强，天下不能当，今乃西面事秦，窃为大王羞之。

"且夫韩、魏之所以畏秦者，以与秦接界也。兵出而相当，不至十日，而战胜存亡之机决矣。韩、魏战而胜秦，则兵半折，四境不守；战而不胜，以亡随其后。是故韩、魏之所以重与秦战而轻为之臣也。"今秦攻齐则不然，倍韩、魏之地，至卫阳晋之道，径亢父之险，车不得方轨⑥，马不得并行，百人守险，千人不得过也。秦虽欲深入，则狼顾，恐韩、魏议其后也。是故恫疑虚猲，高跃而不敢进，则秦不能害齐，亦已明矣。夫不深料秦之不奈我何也，而欲西面事秦，是群臣之计过也。今无臣事秦之名，而有强国之实，臣固愿大王之少留计。"

齐王曰："寡人不敏，今主君以赵王之教诏之，敬奉社稷以从。"

【注释】

① 琅邪（yá牙）：即狼牙山，在今山东诸城县东南

一百五十里。清河：此指济水。因水道清深而得名，齐国西面以清河与赵国为界。四塞之国：四面都有险塞的国家。

② 齐车：齐国战车。《史记》"齐车"作"三军"，可供参考。五家：指五国。锥矢：比喻锐利。雷电：比喻威力。风雨：比喻神速。绝：渡。

③ 临淄：齐国都城，在今山东淄博市东北。不下户三男子：姚本作"下户三男子"，《史记》作"不下户三男子"，从《史记》。以：同"已"。

④ 蹴鞠（jū居）：亦作"蹵鞠"、"蹹鞠"、"蹴鞠"，我国古代一种足球运动，亦作为练武的一种方式。

⑤ 毂击：车辆相撞。衽（rèn认）：衣襟。袂（mèi妹）：衣袖。

⑥ 亢（gāng缸）父（fu斧）：齐国地名，在今山东济宁市南五十里。方轨：指两车并行。

【解读】

苏秦为了赵国合纵的事去游说齐宣王道："齐国南有泰山，东有狼牙山，西有清河，北有渤海，这就是所谓四面都有要塞的金城汤池之国。齐国地方2000里，将士有几十万，军粮堆积如山。齐国战车精良，又有五国军队的支援，打仗时集结会像飞箭一般的快速，作战时像闪电一般凶猛，解散时像风停雨止一样快捷；即使发生对外战争，敌军也从来没有超过泰山，渡过清河，跨过渤海。首都临淄有7万户人家，平均每户有3名壮士，三七就是21万人，根本不必征调远方的兵力，光是临淄一城就可以组成21万大军。临淄人民非常富庶，平常人都会吹竽、鼓瑟、击筑、弹琴、斗鸡、赛狗、赌博、踢球，可见临淄人民的生活多么讲究。临淄的街道上车水马龙，车轴相接，人肩膀和肩膀相擦，把衣襟连起来可作成帷帐，把衣袖举起来可以作成幔幕，擦一把汗可以形成雨，家家生活都非常富裕，人人志气都极为高昂。凭大王的贤明和齐国的富强，天下诸侯都不敢跟齐国对抗。不料如今齐国竟然往西去作秦国的附庸，臣在私下实在为大王感到羞愧。

"况且韩、魏所以恐惧秦国，是由于跟秦国搭界的缘故。秦国出兵攻打韩、魏，不到10天就可以决定胜败存亡的命运。假如韩、魏能够战胜秦军，那韩、魏军必然要损失大半，四面的边境就无法防守；假如韩、魏一战而败，那接踵而来的就是灭亡，所以韩、魏方不敢轻易向秦国挑战，只好忍气吞声当秦的附庸国。

"现在秦假如攻打齐国，情形就有所不同，因为在秦国的背后有韩、魏扯秦的后腿，同时秦军必然经过卫地阳晋的要道和亢父的险阻，在那里车马都不能并行，只要有100个人守住天险即使1000人也无法通过。秦国虽然想发兵深入，但是又必须顾及到后方，惟恐韩、魏扯秦军的后腿。所以秦兵只是虚张声势威胁韩、魏，实际上却犹疑不定不敢进攻，可见秦国不能攻齐已经很明显。大王不仔细估量秦国并不敢对齐国如何，反倒想要往西给秦国当附庸国，这就是群臣在计谋上的错误。现在齐国并无臣事秦国的名分,而是具有强国的实力,但愿大王多加考虑!"

齐宣王回答说:"寡人不太聪明,如今贤卿既然用赵王的话来指教寡人,寡人愿以齐国社稷听从您的指挥。"

张仪为秦连横说齐王

张仪为秦连横说齐王曰^①:"天下强国,无过齐者,大臣父兄殷众富乐^②,无过齐者。然而为大王计者,皆为一时说而不顾万世之利^③。从人说大王者^④,必谓齐西有强赵,南有韩、魏,负海之国也,地广人众,兵强士勇,虽有百秦,将无奈我何!大王览其说,而不察其至实。

"夫从人朋党比周,莫不以从为可。臣闻之,齐与鲁三战而鲁三胜,国以危,亡随其后,虽有胜名而有亡之实,是何故也?齐大而鲁小。今赵之与秦也,犹齐之于鲁也。秦、赵战于河漳之上,再战而再胜秦^⑤;战于番吾之下^⑥,再战而再胜秦。四战之后,赵亡卒数十万,邯郸仅存。虽有胜秦之名,而国破矣!是何故也?秦强而赵弱也。今秦、楚嫁子取妇,为昆弟之国;韩献宜阳,魏效河外,赵人朝黾池^⑦,割河间以事秦。大王不事秦,秦驱韩、魏攻齐之南地,悉赵涉清河,指博关、临淄、即墨非王

· 89 ·

之有也。国一日被攻，虽欲事秦，不可得也。是故愿大王熟计之。"齐王曰："齐僻陋隐居，托于东海之上，未尝闻社稷之长利，今大客幸而教之，请奉社稷以事秦。"献鱼盐之地三百里于秦也。

【注释】

① 连横说齐王：姚本作"连横齐王"，鲍本在"连横"'下补'"说"字。从鲍本。

② 殷：兴盛。

③ 顾：顾念，犹言考虑。

④ 从人：主张合纵的人，此暗指苏秦。

⑤ 河漳：此指漳水。再：二，两。

⑥ 番（pó婆）吾：赵国邑名，在今河北磁县。

⑦ 韩献宜阳：据史实是秦国攻取宜阳，不是韩国自愿献出。黾池：即渑池，赵国地名，在今河南渑池县西。

【解读】

张仪为秦国的连横政策而去游说齐宣王："天下的强国没有超过齐国的，朝野上下的大臣及家族都富足安乐，这一点也没有哪个国家能比得上齐国。可惜为大王谋划的人，都是为一时的安定而空谈理论，并不能为万世长治久安的政策作打算。那些主张合纵的人，必然向大王说齐国西面有强赵，南面有韩、魏，东面濒临大海,土地广阔,人民众多,兵强马壮,即使有100个秦国,也对齐国无可奈何。大王只接受了他们的游说,却没有考虑到这些话是否实在?

"主张合纵的人,都互相结党,认为合纵政策很好。据臣所知:齐和鲁交战三次,每次都是鲁国胜利,可是鲁国却因胜而衰,最后竟因此而亡国。只有战胜的虚名,实际上却陷于危亡的命运,这是什么道理呢?因为齐国大而鲁国小。现在赵国跟秦国相比,就如同齐国跟鲁国。秦、赵战于漳水之上,赵国两次交战两次战败秦军,在赵邑番吾山下作战,又是两次都打败了秦军。但四次战争以后,赵国损失几十万大军,仅仅剩下一个首都邯郸。虽然有战胜秦国的虚名,可是赵国却因此而衰弱,这是什么缘故呢?还是秦国强大而赵国弱小啊。如今秦、楚互通婚姻,两国结为兄弟之邦;韩国献宜阳给秦国,魏国献河外给秦国,而赵国更到秦邑渑池给秦王朝贡,并且割让河间地方给秦,纷纷成为秦的附庸国。假如大王不臣事秦国,秦国就会驱使韩、魏攻打齐国的南部,然后还将全部征调赵国之兵渡过河关,长驱直入向博关进攻,这样临淄和即墨就不是大王所有了。假如齐国忽然有一天被攻破,那时即使再想臣事秦国已来不及了,因此希望大王慎重考虑!"

齐宣王说:"齐国地方偏僻鄙陋,而且东临大海,还没考虑过社稷的长远计划。所幸现在有贵客前来指教,寡人愿意以国家社稷事奉秦国。"于是齐国献给秦国出产鱼盐的土地300里。

齐策二

韩齐为与国

韩、齐为与国①。张仪以秦、魏伐韩。齐王曰:"韩,吾与国也。秦伐之,吾将救之。"田臣思曰②:"王之谋过矣,不如听之。子哙与子之国③,百姓不戴,诸侯弗与。秦伐韩,楚、赵必救之,是天以燕赐我也。"王曰:"善。"乃许韩使者而遣之。

韩自以得交于齐,遂与秦战。楚、赵果遽起兵而救韩,齐因起兵攻燕,三十日而举燕国。

【注释】

① 与国:犹言盟国。

② 田臣思:即田忌,齐国大臣。

③ 子哙:燕易王之子,燕昭王之父。子之:燕王哙的相国。苏代与子之亲善,为子之说燕王哙曰:"尧以天下让许由,

许由不受,尧有让天下之名"。子哙慕之,故把国君之位禅让给子之。

【解读】

韩、齐两国是同盟国。张仪用秦、魏的军队攻打韩国,齐宣王说:"韩国是我齐国的盟邦,如今秦国发兵攻打韩国,我齐国当然要依约派兵援救。"田臣思说:"君王的想法错了,不如随他自己发展。当初燕王哙把燕国让给丞相子之,燕国人民都不拥护子之,诸侯也都不帮助他。如今秦攻打韩国,楚、赵一定会发兵救韩,这真是天要把燕国赐给我齐国。"齐王说:"好的。"于是齐国就假称救援韩国,并打发走韩国派来的使者。

韩自以为和齐国是盟邦,齐国总会有所表示,于是就愤然和秦国开战,楚、赵果然立刻发兵救援,这时齐国也趁着各国战乱立刻发兵攻燕,仅仅30天就占领了燕国。

张仪事秦惠王

张仪事秦惠王①。惠王死,武王立②。左右恶张仪,曰:"仪事先王不忠。"言未已,齐让又至。张仪闻之,谓武王曰:"仪有愚计，愿效之王。"王曰："奈何？"曰："为社稷计者，东方有大变，然后王可以多割地。今齐王甚憎张仪，仪之所在，必举兵而伐之。故仪愿乞不肖身而之梁，齐必举兵而伐之。齐、梁之兵连于城下，不能相去，王以其间伐韩，入三川，出兵函谷而无伐，以临周，祭器必出，挟天子，案图籍③，此王业也。"王曰："善。"乃具革车三十乘，纳之梁。

齐果举兵伐之。梁王大恐。张仪曰："王勿患，请令罢齐兵。"乃使其舍人冯喜之楚，藉使之齐④。齐、楚之事已毕，因谓齐王曰："王甚憎张仪，虽然，厚矣王之托仪于秦王⑤也。"齐王曰："寡人甚憎仪，仪之所在，必举兵伐之，何以托仪也？"对曰："是乃王之托仪也。仪之出秦，固与秦王约曰：'为王计者，东方有大变，然后王可以多割地。齐王甚憎仪，仪之所在，必举兵伐之。故仪愿乞不肖身而之梁，齐必举兵伐梁。梁、齐之兵连于城下不能去，王以其间伐韩，入三川，出兵函谷而无伐，以临周，祭器必出，挟天子，案图籍，是王业也。'秦王以为然，与革车三十乘而纳仪于梁。而果伐之，是王内自罢而伐与国，广邻敌以自临，而信仪于秦王也。此臣之所谓托仪也。"王曰："善。"乃止。

【注释】

① 秦惠王：秦孝公之子。

② 武王：名荡，秦惠王之子。武王为太子时不悦张仪，即

王位后，群臣多谗毁张仪。

③案图籍：掌握地图和户口财物登记的表册。

④冯喜：张仪的舍人。藉使之齐：借楚人为使者到齐国去。籍，同"借"。

⑤厚矣王之托张仪于秦王：是"王之托仪于秦王厚矣"的倒装，大意是大王把制裁张仪的事托付给秦王对他太宽厚了。

【解读】

张仪臣事秦惠王，惠王驾崩，武王即位，这时左右侍臣都诽谤张仪说："张仪对先王有二心。"还没等把话说完，齐国责备张仪的信又送到了。

张仪听到这些事以后就对秦武王说："臣有一项愚蠢的计策，愿意献给大王。"秦武王说："什么计策？"张仪回答说："这是一项长治久安的计策，就是预料东方可能发生重大变化，在此变化之后，大王才可以扩充疆土。如今齐王恨臣，臣不论走到哪里，齐国必然发兵攻打到哪里。所以臣愿意用臣无用之身前往魏都大梁，那时齐国必定发兵攻魏。齐、魏的兵祸，连绵于城下，不能分开。这时大王就可以乘虚攻打韩国，侵入韩国的三川之地，接着挥军东出函谷关，然后再兵临两周，而得到天子的祭器；最后挟持周天子，根据地图和册表统治天下，这才是万世不朽的帝王事业。"秦武王说："好的。"于是就派30辆兵车，把张仪护送到魏都大梁。

齐王果然发兵攻魏，魏襄王非常恐惧，这时张仪就说："大王不必忧虑，臣有办法让齐国退兵。"于是张仪就派他的舍人冯喜前往楚国，冯喜又借机派楚国使臣前往齐国，齐、楚的事情完毕以后，楚国的使臣就对齐王说："大王非常痛恨张仪，但是大王却把张仪托付给秦王，这对张仪实在是一种很大的优待。"齐宣王说："寡人非常恨张仪，不论张仪在什么地方，寡人一定发兵去攻打，怎么说寡人把张仪托付给秦王呢？"

楚使回答说："这正是把张仪托付给秦王的作法，因为当张仪离开秦王时，曾经和秦立了一项约定：'臣愿为大王献一项愚策，这就是东方将有重大变化，在这之后，大王才可以扩充版图。齐王非常恨臣，臣不论在哪里，齐王都要出兵攻打，所以臣愿以无用之身去魏国；那时齐必然发兵攻魏。魏、齐两军在城下苦战无法分开，这时大王就可以乘虚攻打韩国，侵入韩国的三川之地，然后再从函谷关出兵退进两周，这时就可以获得天子的祭器。最后再根据图籍表册，用天子的名义号令诸侯，这才是称王大业。'秦王认为张仪这话很对，于是就派30辆兵车把他送到魏国，这时大王果然发兵攻魏。可见大王对内使自己的臣民疲倦，对外是攻打盟国，和邻国多结仇恨，使本国陷于不利的环境中，而使张仪的话在秦王面前兑现，这就是臣所说的'托付张仪给秦王。'"齐宣王说："很有道理。"于是就收兵停止攻打魏国。

权之难齐燕战

权之难①,齐、燕战。秦使魏冉之赵,出兵助燕击齐②。薛公使魏处之赵,谓李向曰③:"君助燕击齐,齐必急。急必以地和于燕,而身与赵战矣。然则是君自为燕东兵,为燕取地也。故为君计者,不如按兵勿出④。齐必缓,缓必复与燕战。战而胜,兵罢弊,赵可取唐、曲逆⑤。战而不胜,命悬于赵⑥。然则吾中立而割穷齐与疲燕也,两国之权,归于君矣⑦。"

【注释】

① 权之难:即权地的战争。权,地名,在今河北正定县北二十里。

② 魏冉:即穰侯,秦相国。

③ 薛公:孟尝君田文,此时刚担任齐国相国。魏处:齐国大臣。李向:应作李兑,赵国大臣。

④ 按兵:止兵。

⑤ 唐:中山国地名,在今河北唐县。曲逆:中山国地名,在今河北完县东南。一说,认为唐、曲逆为燕国地名。

⑥ 悬：系，悬挂。

⑦ 君：姚本作"吾"，"吾"，应为"君"之误。君：指李兑。

【解读】

在权城战役中，齐、燕两国交锋。秦派魏冉前往赵国，促使赵出兵援燕攻齐。薛公也派魏处前往赵国，对李兑说："您如果出兵助燕攻齐，必然会使齐国陷于危急。齐国陷于危急之后，就会割地跟燕讲和，到那时薛公将亲自跟赵作战。然而这却是阁下自以为燕向东出兵，而且是为燕国扩充疆土。所以现在阁下最好按兵不动，这样齐国就不会陷于危急，不危急就会再跟燕交战。如果燕国一战而胜，燕兵必然陷于疲惫，赵国可趁势夺取唐、曲逆；反之燕国一战而败，那燕国的命运就掌握在赵的手中。然而赵如果保持中立，就能从穷迫的齐和疲惫的燕得到土地，齐、燕两国胜败命运全在赵国手中。"

齐策三

孟尝君将入秦

孟尝君将入秦①,止者千数而弗听。苏秦欲止之,孟尝君曰:"人事者吾已尽知之矣;吾所未闻者,独鬼事耳。"苏秦曰:"臣之来也,固不敢言人事也,固且以鬼事见君②。"

孟尝君见之。谓孟尝君曰:"今者臣来,过于淄上,有土偶人与桃梗相与语③。桃梗谓土偶人曰:'子西岸之土也,挺子以为人④,至岁八月,降雨下,淄水至,则汝残矣。'土偶曰:'不然。吾西岸之土也,土则复西岸耳。今子东国之桃梗也,刻削子以为人,降雨下,淄水至,流子而去,则子漂漂者将何如耳⑤。'今秦四塞之国,譬若虎口,而君入之,则臣不知君所出矣。"孟尝君乃止。

【注释】

① 孟尝君将入秦:孟尝君将要到秦国去。秦昭王听说孟尝

君是位贤人，想要见到他，因此孟尝君准备到秦国去。

② 固且：犹言姑且。

③ 淄上：淄水之上。淄，水名，源出山东莱芜东北原山之阴，东北流，至寿光县，汇为清水泊，又北出，入小清河，由淄河口入海。土偶人：用泥土捏的人。桃梗：用桃木枝刻的人。

④ 挻（shān山）：揉合，此指揉制。姚本作"挻"，黄丕烈《札记》作"挻"，从黄说。

⑤ 何如：何往。

【解读】

孟尝君田文准备前往秦国，劝他不去的人成百上千，可是他都一概不听。苏秦也要劝阻他，孟尝君说："人间的事我已经都懂了，我所没听说过的，只有鬼神的事而已。"苏秦说："臣这次来见贤公，确实也不敢谈人间的事，而是专门为讨论鬼的事求您接见。"孟尝君就接见了苏秦。苏秦对孟尝君说："这次臣来齐国，当我经过淄水时，看见一个泥偶和一个木偶在那儿谈话，木偶对泥偶说：'你是西岸的土做的，用土把你捏成一个人，今年八月雨季时，淄水一上涨，您可就被冲坏了。'土偶说：'你的话不对，我是西岸的土不错，我冲坏后还是西岸的土。可是你是用东岸桃木所雕刻的木偶。就因为你是用木头雕刻的人，雨季一到淄水一来，水就会把你冲走，到那时你将不知道漂泊到何处。'现在秦国是一个四面都有要塞的强国，恰如一个能生吃活人的虎口。贤公一旦进入虎口，臣就不知道贤公要从哪条路逃生了。"因此孟尝君就打消了西去秦国的打算。

孟尝君舍人

孟尝君舍人有与君之夫人相爱者①。或以问孟尝君曰②："为君舍人而内与夫人相爱，亦甚不义矣，君其杀之③。"君曰："睹貌而相悦者，人之情也，其错之勿言也④。"

居期年，君召爱夫人者而谓之曰："子与文游久矣，大官未可得，小官公又弗欲。卫君与文布衣交，请具车马皮币⑤，愿君以此从卫君游。"于卫甚重。

齐、卫之交恶，卫君甚欲约天下之兵以攻齐。是人谓卫君曰："孟尝君不知臣不肖，以臣欺君⑥。且臣闻齐、卫先君，刑马压羊⑦，盟曰：'齐、卫后世无相攻伐，有相攻伐者，令其命如此⑧。'今君约天下之兵以攻齐，是足下倍先君盟约而欺孟尝君也。愿君勿以齐为心。君听臣则可；不听臣，若臣不肖也，臣辄以颈血湔足下衿。"卫君乃止。

齐人闻之曰："孟尝君可谓善为事矣，转祸为功。"

【注释】

① 爱：犹言私通。

② 以问：以之告。问，告诉。

③ 其：表示委婉的语气词，可译为"还是"。

④ 错之：把这事放置一边。错，同"措"，放置。

⑤ 布衣交：普通百姓时就有交情，犹言老交情。鲍本："言交于未贵时。"皮币：犹言金帛之类。皮，鹿皮。币：束帛。

⑥ 以臣欺君：用臣下欺骗了君王。犹言臣下不才，孟尝君当贤人推荐，欺骗了您。

⑦ 刑马压羊：杀马宰羊。压，杀，宰。鲍本："杀马歃（shà霎）其血，又压羊杀之以盟，使谕者如此。"

⑧ 令其命如此：使他的命像马羊一样。

【解读】

孟尝君有个家人和他夫人有私情。有人告诉孟尝君说："他身为您的家人，竟然和您夫人有私情，这也太不道义了。您应该把他杀了。"孟尝君说："看见美貌的人，产生爱慕之心，这也是人之常情，算了吧，别再提了。"

过了一年，孟尝君召见那个与夫人有私情的人。对他说："您和我交往，已经有很长时间了，大官得不到，小官又不愿做。卫嗣君和我交情很好。我给您准备车马、皮裘、金帛等见面礼物，希望您去同卫嗣君交朋友。和卫嗣君交朋友，非常重要。"

齐国和卫国关系不好后，卫嗣君很想联合诸侯之军进攻齐国。这个被孟尝君派到卫国去的家人，对卫嗣君说："孟尝君错用了我，我欺骗了他，我实在是个没出息的人。我听说齐、卫两国的先君曾杀马宰羊，结盟宣誓说：'齐、卫两国的后代不能互相攻打，如果双方互相攻打，让他们就像今天的马、羊一样，遭到杀戮。'现在您联合诸侯之军来进攻齐国，这表明您违背了齐、卫先君的誓言，欺凌自己的知交孟尝君。希望您不要着急于攻齐。您要是听从我的劝告就行，如果不听从我的劝告，我们就同归于尽。"卫嗣君就放弃了进攻齐国的打算。

齐国人听到这事以后，都说："孟尝君真可算是善于处理事情的人啦，他不杀家人而使齐国不遭攻击，把灾祸变成了他的功劳。"

孟尝君有舍人而弗悦

孟尝君有舍人而弗悦①，欲逐之。鲁连谓孟尝君曰②："猿猴错木据水③,则不若鱼鳖;历险乘危,则骐骥不如狐狸④。曹沫之奋三尺之剑,一军不能当⑤;使曹沫释其三尺之剑,而操铫鎒与农夫居垅亩之中⑥,则不若农夫。故物舍其所长,之其所短⑦,尧亦有所不及矣。今使人而不能,则谓之不肖;教人而不能,则谓之拙。拙则罢之⑧,不肖则弃之,使人有弃逐,不相与处,而来害相报者,岂非世之立教首也哉⑨!"孟尝君曰:"善。"乃弗逐。

【注释】

① 悦:犹言敬重。

② 鲁连:姓鲁名连,又称鲁仲连,齐国人,游侠义士。

③ 猿猴:姚本作"猿猕(mí弥)猴",缪文远本认为"猕"字为衍文。从缪说。错木据水:离开树木居住在水上。错,通"措",此指离开。据,处,居住。

④ 骐骥:千里马。

⑤ 曹沫:鲁庄公时的武士,又作"曹刿"。当:相等,相当。

⑥ 铫(yáo姚):大锄。鎒(nòu耨):同"耨",锄草的农具。垅亩:犹言田亩。垅,田中高处。

⑦ 之其所短:用其所短。之,犹用,就。

⑧ 罢:罢免,斥退。

⑨ 教首:戒条。

【解读】

孟尝君田文因为瞧不起他食客中的某人，因而就想把他赶走，鲁仲连对他说："猿猴如果离开树木浮游水面，它们动作没有鱼鳖灵敏；要说经过险阻攀登危岩，良马也赶不上狐狸。曹沫手提三尺长剑，万夫难挡；假如叫曹沫丢下他的三尺长剑，让他改拿耕田的家具，和农夫一样在田里工作，那他连一个农夫都不如。由此可见，一个人如果舍弃他的所长，改而使用他的所短，即使是尧舜也有做不到的事。现在让人干他不会干的，别人会说你无才；教人做他做不了的，就说他笨拙。所谓笨拙就斥退他，所谓无才就遗弃他，假使人人驱逐不能共处的人，将来那些被放逐的人必然逃往国外，并且谋害我们以报往日的怨恨，这难道不是为后事开了一个坏头吗？"孟尝君说："先生的话很有道理。"于是决定还是留下这个食客。

齐策四

齐人有冯谖者

　　齐人有冯谖者,贫乏不能自存,使人属孟尝君①,愿寄食门下。孟尝君曰:"客何好?"曰:"客无好也。"曰:"客何能?"曰:"客无能也"。孟尝君笑而受之曰:"诺。"左右以君贱之也,食以草具②。

　　居有顷,倚柱弹其剑,歌曰:"长铗归来乎③!食无鱼。"左右以告。孟尝君曰:"食之,比门下之客④。"居有顷,复弹其铗,歌曰:"长铗归来乎!出无车。"左右皆笑之,以告。孟尝君曰:"为之驾,比门下之车客"。于是乘其车,揭其剑,过其友曰⑤:"孟尝君客我。"后有顷,复弹其剑铗,歌曰:"长铗归来乎!无以为家⑥。"左右皆恶之,以为贪而不知足。孟尝君问:"冯公有亲乎?"对曰:"有老母。"孟尝君使人给其食用⑦,无使乏。于是冯谖不复歌。

　　后孟尝君出记,问门下诸客:"谁习计会,能为文收责于薛者乎？"冯谖署曰："能。"孟尝君怪之，曰："此谁也？"左右曰："乃歌夫长铗归来者也。"孟尝君笑曰："客果有能也，吾负之，未尝见也。"请而见之，谢曰："文倦于事，愦于忧，而性、愚，沉于国家之事，开罪于先生。先生不羞，乃有意欲为收责于薛乎？"冯谖曰："愿之。"于是约车治装，载券契而行，辞曰："责毕收，以何市而反？"孟尝君曰："视吾家所寡有者。"驱而之薛，使吏召诸民当偿者，悉来合券。券徧合，起，矫命以责赐诸民，因烧其券，民称万岁。长驱到齐，晨而求见。孟尝君怪其疾也，衣冠而见之，曰："责毕收乎？来何疾也！"曰："收毕矣"。"以何市而反？"冯谖曰："君云'视吾家所寡有者'。臣窃计，君宫中积珍宝，狗马实外，美人充下陈。君家所寡有者乃义耳[8]！窃以为君市义。"孟尝君曰："市义奈何？"曰："今君有区区之薛，不抚爱子其民，因而贾利之。臣窃矫君命，以责赐诸民，因烧其券，民称万岁。乃臣所以为君市义也。"孟尝君不说，曰："诺，先生休矣！"

后期年，齐王谓孟尝君曰："寡人不敢以先王之臣为臣。"孟尝君就国于薛，未至百里，民扶老携幼，迎君道中。孟尝君顾谓冯谖："先生所为文市义者，乃今日见之。"冯谖曰："狡兔有三窟，仅得免其死耳。今君有一窟，未得高枕而卧也。请为君复凿二窟。"孟尝君予车五十乘，金五百斤，西游于梁，谓惠王曰："齐放其大臣孟尝君于诸侯，诸侯先迎之者，富而兵强。"于是梁王虚上位，以故相为上将军，遣使者，黄金千斤，车百乘，往聘孟尝君。冯谖先驱诫孟尝君曰："千金，重币也，百乘，显使也。齐其闻之矣。"梁使三反，孟尝君固辞不往也。齐王闻之，君臣恐惧，遣太傅赍⑨黄金千斤，文车二驷，服剑一，封书谢孟尝君曰："寡人不祥，被于宗庙之祟，沉于谄谀之臣，开罪于君，寡人不足为也。愿君顾先王之宗庙，姑反国统万人乎？"冯谖诫孟尝君曰："愿请先王之祭器，立宗庙于薛⑩。"庙成，还报孟尝君曰："三窟已就，君姑高枕为乐矣。"

　　孟尝君为相数十年，无纤介之祸者，冯谖之计也。

【注释】

　　① 冯谖（xuān宣），鲍本作"冯煖（xuān宣）"，《史记》作"冯驩（huān欢）"。属：同"嘱"，嘱托，请托。

　　② 食（sì饲）以草具：给他吃粗糙的食物。草具：本指装盛粗劣饮食的食具，此代指粗糙的食物。

　　③ 长铗（jiá夹）：此指长剑。铗，剑把，此以局部代整体。

　　④ 比门下之客：如同门下吃鱼的客人。孟尝君门下客有三等，上等食肉，中等食鱼，下等食菜。

　　⑤ 揭：高举。过：拜访。

　　⑥ 无以为家：没有什么用来养家。

　　⑦ 给（jǐ己）：供应，供给。

　　⑧ 乃义耳：就是义罢了。

⑨ 赍(jī基)：携带。

⑩ 立宗庙于薛：在薛地建立齐国先王的宗庙。薛有宗庙，齐国一定全力保护，不必担心外来侵犯，同时可以使孟尝君的地位更加巩固。

【解读】

齐国人有个叫冯谖的，家境贫穷，不能维持自己的生活，托人请求孟尝君，说愿意投靠门下混碗饭吃，孟尝君问："客人有什么爱好？"回答说："客人没有什么爱好。"又问："客人有什么本事？"回答说："客人没有什么本事。"孟尝君笑了笑，答应收留他，说："好罢。"孟尝君左右亲近的人以为孟尝君看不起冯谖，就给他粗劣的饭菜。

过了不久，冯谖靠在柱子上，弹着他的剑，歌唱道："长剑啊，咱们还是回去吧，吃饭没有鱼。"左右管事的人把这情况告诉孟尝君。孟尝君说："给他吃鱼，按照鱼客的待遇。"过了不久，冯谖又弹着他的剑，歌唱道："长剑啊！咱们还是回去吧，出门没有车。"左右的人都讥笑他，把这一情况告诉孟尝君。孟尝君说："给他准备车马，按照车客的待遇。"于是，冯谖乘上车子，举起宝剑，去见他的朋友，说："孟尝君尊我为上客。"过了不久，冯谖又弹着他的剑，歌唱道："长剑啊！咱们还是回去吧，没有东西养家。"左右人都很厌恶他，认为他是一个贪得无厌的人。孟尝君问："冯先生有亲属吗？"左右的人回答说：

"家有老母。"孟尝君便派人供应他家的吃用,不使他缺少什么,于是冯谖不再唱歌了。

后来,孟尝君拿出帐簿,问门下的食客:"谁熟悉会计,能为我到薛邑去收债吗?"冯谖签上名,写了个"能"字。孟尝君诧异说:"这人是谁呢?"下人说:"是唱'长剑回去'的那个人。"孟尝君笑说:"客人果然是有专长啊!我很抱歉,没有能见一见。"于是,请他来见,谢罪说:"文事务缠身,忧思昏愦,而秉性愚弱,沉溺于国事家事,得罪于先生。先生不以为羞,竟愿意代我到薛地去讨债吗?"冯谖说:"愿意。"于是套车准备行装,载着文书契约启程,辞行说:"收完债,置买些什么回来呢?"孟尝君说:"看我家所缺少的东西。"车驾奔驰到薛。使小吏召集诸民债户,都来验合债券。债券验合完毕,冯谖起身假托孟尝君命令,把欠债赐还诸民,遂当场烧掉债券,民众高呼"万岁"。

然后,车驾直奔回齐,天明求见孟尝君。孟尝君对他回来这么快有点奇怪,穿戴好衣冠接见冯谖,问说:"债收完了吗?为何回来这样快呀!"答说:"收完了。""买些什么回来呢?"冯谖说:"您说'看我家所缺少的东西'。臣私下思忖,您宫内堆积珍宝,狗马挤满外厩,美女充斥下列。您家所少有的,惟'义'而已。私下已经为您买'义'来了。"孟尝君问:"买'义'怎么样?"答说:"现在您有一小块薛,不去抚爱、子养它的百姓,从而刮剥它的财富。臣私自假借您的命令,把欠债赏还给百姓,因而烧毁债券,民众高呼'万岁'。这就是臣为您买到的'义'呀!"孟尝君不高兴地说:"嗯,先生算了吧!"一年以后,齐王对孟尝君说:"寡人不敢用先王旧臣为臣。"孟尝君回到封国薛,还差百里未到,民众扶老携幼,在路旁迎接孟尝君。孟尝君回头对冯谖说:"先生为文所买的'义',今天方才看到。"冯谖说:"狡兔有三个洞穴,仅仅能够免死而已。如今只有一个'洞穴',还不能高枕而卧。请为您再凿两个'洞穴'。"孟尝君给他车50辆,黄金500斤,西游于魏,对惠王说:"齐王把他的大臣孟尝君放给诸侯,诸侯先迎得到的,就能够国富而兵强。"于是魏王空着高位,徙原丞相为上将军,派遣使者,携带黄金千斤,使车百辆,去聘请孟尝君。冯谖先驰回国,告诫孟尝君说:"千金,是很重的财礼;百辆,是很显赫的使者。齐国都将听到这件事啦!"魏使往返三次,孟尝君固辞不就。齐王闻知,君臣惶恐,派遣太傅携带黄金千斤,彩车二辆,佩剑一条,书信一封,向孟尝君道歉说:"寡人不祥,撞见鬼神作祟,惑于谄谀之臣,得罪了你,寡人不配做齐国之君。愿你看顾先王宗庙,姑且返齐来统理万民吧!"冯谖告诫孟尝君说:"希望请求先王的祭器,在薛设立宗庙。"庙成,冯谖还报孟尝君说:"三'穴'业已凿成,您就高枕为乐吧!"

  孟尝君相齐几十年,而无纤芥之微的祸患,是出于冯谖的谋划呀。

鲁仲连谓孟尝

鲁仲连谓孟尝："君好士也？雍门养椒亦，^①阳得子养，饮食、衣裘与之同之，皆得其死。今君之家富于二公，而士未有为君尽游者也②。"君曰："文不得是二人故也。使文得二人者，岂独不得尽？"对曰："君之厩马百乘，无不被绣衣而食菽粟者，岂有骐麟、騄耳哉③？后宫十妃，皆衣缟纻，食粱肉，岂有毛嫱、西施哉④？色与马取于今之世，士何必待古哉？故曰君之好士未也。"

【注释】

① 雍门：本是齐都临淄城门名，此为以地为姓，下脱人名。椒亦：姓椒，名亦，雍门子所养的门客。

② 尽游：犹言尽力。

③ 被：披着。菽粟：豆子和小米。麒麟、騄（lù录）耳：俱良马名。马录耳，又作"马录马耳""绿耳"。

④ 缟（gāo稿）纻（zhù住）：洁白细布，一说，白色丝和苎（zhù住）麻布。毛嫱（qiáng墙）：古代传说中的美女。西施：春秋时越国的美女。

【解读】

　　鲁仲连对孟尝君田文说:"听说贤公爱惜贤才!以前雍门供养椒亦,阳得子供养才子,供给他们的饮食衣物都跟自己相同,门客都决心以命效主。现在贤公在家比雍门和阳得子还要富,可是却没有全心全意与您交游的人。"孟尝君说:"这是因为我得不到椒亦那样两位贤士的缘故,假如我能得到这样两人,我又怎能不尽养士之道?"鲁仲连说:"贤公有100辆战车用的骏马,每匹马身上都披着锦绣彩带,平日都喂人吃的谷粮,难道这些马都是麒麟和骡耳才可以这样待遇吗?而后宫的10名妃子,更都穿着白绢的麻纱衣,吃上等的白米和上等的肉类,难道只有毛廧和西施才可以有这样的待遇吗?美女和骏马都是从当今的世界上可找到的,至于寻找贤士,何必等待古代那样的贤者呢?因此我才说:'你不喜欢礼贤下士!'"

齐宣王见颜斶

　　齐宣王见颜斶①,曰:"斶前!"斶亦曰:"王前!"宣王不悦。左右曰:"王,人君也。斶,人臣也。王曰'斶前',

亦曰'王前'，可乎？"斶对曰："夫斶前为慕势，王前为趋士②。与使斶为趋势，不如使王为趋士。"王忿然作色曰："王者贵乎？士贵乎？"对曰："士贵耳，王者不贵。"王曰："有说乎？"斶曰："有。昔者秦攻齐，令曰：'有敢去柳下季垄五十步而樵采者③，死不赦。'令曰：'有能得齐王头者，封万户侯，赐千金镒。'由是观之，生王之头，曾不若死士之垄也。"宣王默然不悦。

左右皆曰："斶来，斶来！大王据千乘之地，而建千石钟，万石簴④。天下之士，仁义皆来役处；辩知并进，莫不来语；东西南北，莫敢不服。求万物不备具⑤，而百姓无不亲附。今夫士之高者，乃称匹夫，徒步而处农亩，下则鄙野监门闾里，士之贱也亦甚矣！"

斶对曰："不然。斶闻古大禹之时，诸侯万国。何则？德厚之道，得贵士之力也。故舜起农亩，出于野鄙，而为天子。及汤之时，诸侯三千。当今之世，南面称寡者，乃二十四。由此观之，非得失之策与？稍稍诛灭，灭亡无族之时，欲为监门、闾里，安可得而有乎哉！是故《易传》不云乎：'居上位未得其实，以喜其为名者，必以骄奢为行。据慢骄奢，则凶从之。是故无其实而喜其名者削，无德而望其福者约，无功而受其禄者辱，祸必握。'故曰：'矜功不立，虚愿不至。'此皆幸乐其名，华而无其实德者也。是以尧有九佐，舜有七友，禹有五丞，汤有三辅，自古及今而能虚成名于天下者，无有。是以君王无羞亟问,不愧下学;是故成其道德而扬功名于后世者,尧、舜、禹、汤、周文王是也。故曰:'无形者,形之君也。无端者,事之本也。'夫上见其原,下通其流,至圣人明学,何不吉之有哉!老子⑥曰:'虽贵,必以贱为本;虽高,必以下为基。'是以侯王称孤、寡、不谷,是其贱之本与!夫孤寡者,人之困贱下位也,而侯王以自谓,岂非下人而尊贵士与?夫尧传舜,舜传禹,周成王任周公旦,而世世称曰明主,是以明乎士之贵也。"

宣王曰:"嗟乎!君子焉可侮哉,寡人自取病耳!及今闻君子之言,乃今闻细人之行,愿请受为弟子。且颜先生与寡人游,食必太牢,出必乘车,妻子衣服丽都。"颜斶辞去曰:"夫玉生于山,制则破焉,非弗宝贵矣,然大璞不完。士生乎鄙野,推选则禄焉,非不得尊遂也,然而形神不全。斶愿得归,晚食以当肉,安步以当车,无罪以当贵,清静贞正以自虞。制言者王也,尽忠直言者斶也。言要道已备矣,愿得赐归,安行而反臣之邑屋。"则再拜而辞去也。

斶知足矣,归反于璞⑦,则终身不辱也。

【注释】

① 颜斶(chù处):齐国人,隐士。斶亦作"歜(chù处)"。

② 趋士:犹言亲近贤士。趋,就,犹言亲近。

③ 柳下季:即柳下惠,姓展名禽字季,鲁国贤人,居于柳下,因此称他为柳下季。樵采者:砍柴的人。

④ 石（dàn旦）：一百二十斤为一石。钟：乐器。簴（jù巨）：悬挂钟磬的架。

⑤ 求万物不备具：即万物不求备具，犹言各种东西不必要求而自己就送来了。

⑥ 老子：春秋时思想家，姓李名耳，又称老聃（dān担），著有《老子》一书。

⑦ 归反于璞：反璞归真。姚本作"归反朴"，缪文远本作"归反于璞"。从缪本。

【解读】

齐宣王召见颜斶说："颜斶你到前面来！"颜斶也对齐宣王说："国王，你到前面来！"齐王听了这话很不高兴，左右侍臣警告颜斶："国王身为君主，你是人臣。国王可以对你说'你到前面来'，但是你却不可以对国王说'你到前面来'！"颜斶回答说："我颜斶到国王前面来有贪慕权势的嫌疑，国王到我前面来是表示谦恭下士。"齐宣王一听这话，就声色俱厉地说："君王尊贵呢？还是士人尊贵呢？"颜斶说："当然是士尊贵，国王并不尊贵。"齐宣王问："为什么这样说？"颜斶说："从前秦国攻打齐国，秦王下了一道命令说：'凡胆敢在柳下季坟墓周围50步内打柴的，死罪不赦。'又下令说：'假如有人砍下齐王的头，就封他为万户侯，并且赏黄金24000两。'由此看来，一个活国王的头颅，反而不如死士的坟墓。"宣王默默不乐。

左右侍臣又对颜斶说:"颜斶你上前来,颜斶你到前面来!君王拥有可以出产千辆战车的广大土地,而且建造过1000石重的大钟,和可悬挂1万石重的乐器架子。天下所有讲求仁义的士人,都到君王这里来效命;有才干和有智慧的人都到君王这里来献策,没有谁不俯首低语;四面八方的诸侯也都臣服君王。君王所需要的万物无不齐备,全国人民无不心服。最清高的士人,也只能自称匹夫,徒步而行,身处农田。至于贫贱无车而住在乡间的,乃是鄙陋粗野的监门闾里小吏,士人的地位卑贱真是到了极点!"

颜斶回答说:"不对。据我颜斶所知,早在大禹王时代,诸侯共有1万多,以什么法则治国呢?那就是因为品德高尚,而又有尊贵的士人辅佐,所以舜虽然出生鄙陋的农村,却获得了天子的崇高地位。到了商汤时代,天下诸侯也有3000之多。可是在当今这个时代,南面称王的只有24个。由此看来,这难道不是因为政策的得失才造成了天下混乱吗?诸侯之间相互大动干戈,一直到宗族灭绝的时候,想给人在闾里看门,怎么能有这种可能呢?

"所以《易传》才说:'身居高位的人却不能修身养性,只喜欢标榜虚名,必然骄傲奢侈。如果骄傲、怠慢蛮横。奢侈,凶祸就必然降临。可见缺乏修养徒好虚名的必被削弱;无德性而希望享福的必受穷困;没功劳而接受俸禄的必被侮辱,并且不会有好下场。'所以说:'夸耀自己功德的人事业不能成功,空有愿望的人愿望无法实现。'这些话都是指喜好虚名而不务实际德性的人，所以尧有五位辅弼、舜有七位良友、禹有五位助手、汤有三位忠臣，从古到今没一个能无实际德性而成名于天下的，可见君王不应当以向他人请教为可耻，不应当以向下面的人学习为惭愧。这样才能建立崇高美德而扬名于后世。像尧、舜、禹、汤和周文王就是这样的人。所以说：'无形乃是有形的主宰，无始乃是事物的根本。'上能溯其源，下能通其流。如此圣明而又通晓学理的人哪还有不吉祥的事情发生呢？老子说：'虽然是地位尊贵，必定要以卑贱为根本；虽然生长高大，必定要以地下为基础。'

"所以各国诸侯都自称孤、寡、不谷，这可能就是以卑贱作为根本的缘故吧？孤、寡都是人中困苦卑贱，处于最低下地位的人，然而王侯却用来称自己，这不就是谦恭下士的行为吗？尧传天下给舜，舜传天下给禹，周成王重用周公旦，后世人们都歌颂他们为明君圣主，这是因为他们都懂得士人高贵的缘故。"

齐宣王说："唉！一个君子怎么可以随便加以侮辱呢？都是寡人自讨没趣而不懂得'士贵王贱'的道理。现在才听见君子的高论，明白了小人的行径，所以寡人愿意做先生的弟子。再说先生一旦和寡人结为好友，在吃的方面每天都要杀猪宰羊，在行的方面出入都是高车驷马，妻子儿女的衣服更是华丽无比。"

颜斶听了齐宣王这话，就立刻告辞说："玉石生在山里，一琢磨就破坏了天然本性，这并不是说玉不贵重了，而是说不如不琢磨的完美。士人生在乡野，经过推荐选用就接受俸禄，这也并不是说不尊贵显达，而是说他们的形神从此难以完全属于自己。所以我宁愿回到乡野，晚一点进餐，即使再粗劣的饭菜也会像吃了肉那么津津有味，安安稳稳地步行权当做高车驷马，把一身无罪当做高贵，用清静纯洁来自我娱乐。发号施令的是君王，尽忠直言的是颜斶，我所要说的重要道理都说完了，希望君王让我回到田野，安步走回我的家乡！"

颜斶这才肯向齐宣王下拜，告辞离去，应该说颜斶知足了，回到家乡，犹如反璞归真，并且一生不受屈辱。

齐策五

苏秦说齐闵王

苏秦说齐闵王曰："臣闻用兵而喜先天下者忧，约结而喜主怨者孤①。夫后起者藉也，而远怨者时也。是以圣人从事，必藉于权，而务兴于时。夫权藉者，万物之率也；而时势者，百事之长也。故无权藉，倍时势，而能事成者寡矣。

"今虽干将、莫邪②，非得人力，则不能割刿矣。坚箭利金，不得弦机之利，则不能远杀矣。矢非不铦③，而剑非不利也，何则？权藉不在焉。何以知其然也？昔者赵氏袭卫，车舍人不休，传卫国，城割平，卫八门土而二门堕矣④，此亡国之形也。卫君跣行，告遡于魏⑤。魏王身披甲底剑⑥，挑赵索战。邯郸之中骛，河、山之间乱。卫得是藉也，亦收余甲而北面，残刚平，堕中牟之郭。卫非强于赵也，譬之卫矢而魏弦机也，藉力魏而有河东之地。赵氏惧，楚人救赵而伐魏，战于州西，出梁门，军舍林中，马饮于大河。赵得是藉也，亦袭魏之河北烧棘沟，坠黄城。故刚平之残也，中牟之堕也，黄城之坠也，棘沟之烧也，此皆非赵、魏之欲也。然二国劝行之者，何也？卫明于时权之藉也。今世之为国者不然矣。兵弱而好敌强，国罢而好众怨，事败而好鞠之，兵弱而憎下人也，地狭而好敌大，事败而好长诈。行此六者而求伯，则远矣。

"臣闻善为国者，顺民之意，而料兵之能，然后从于天下。故约不为人主怨，伐不为人挫强。如此，则兵不费，权不轻，地可广，欲可成也。昔者，齐之与韩、魏伐秦、楚也，战非甚疾也，分地又非多韩、魏也，然而天下独归咎于齐者，何也？以其为韩、魏主怨也。且天下遍用兵矣，齐、燕战，而赵氏兼中山，秦、楚战韩、魏不休，而宋、越专用其兵。此十国者，皆以相敌为意，而独举心于齐者，何也？约而好主怨，伐而好挫强也。

"且夫强大之祸，常以王人为意也；夫弱小之殃，常以谋人为利也。是以大国危，小国灭也。大国之计，莫若后起而重伐不义。夫后起之籍与多而兵劲，则事以众强适罢寡也，兵必立也。事不塞天下之心，则利必附矣。大国行此，则名号不攘而至，伯王不为而立矣。小国之情，莫如谨静而寡信诸侯。谨静，则四邻不反；寡信诸侯，则天下不卖，外不卖，内不反，则槟祸朽腐而不用，币帛矫蠹而不服矣。小国道此，则不祠而福矣，不贷而见足矣。故曰：祖仁者王，立义者伯，用兵穷者亡⑦。何以知其然也？昔吴王夫差以强大为天下先，袭郢而栖越，身从诸侯之君，而卒身死国亡，为天下戮者，何也？此夫差平居而谋王，强大而喜先天下之祸也。昔者莱、莒好谋，陈、蔡好诈，莒恃晋而灭，蔡恃越而亡，此皆内长诈，外信诸侯之殃也。由此观之，则强弱大小之祸，可见于前事矣。

"语曰：'骐骥之衰也，驽马先之；孟贲之倦也，女子胜之。'夫驽马、女子，筋骨力劲，非贤于骐骥、孟贲也。何则？后起之藉也。今天下之相与也不并灭，有而案兵而后起，寄怨而诛不直，微用兵而寄于义，则亡天下可？足而须也。明于诸侯之故，察于地形之理者，不约亲，不相质而固，不趋而疾，众事而不反，交割而不相憎，惧强而加以亲。何则？形同忧而兵趋利也。何以知其然也？昔者齐、燕战于桓之曲，燕不胜，十万之众尽。胡人袭燕楼烦数县，取其牛马。夫胡之与齐非素亲也，而用兵又非约质而谋燕也，然而甚于相趋者，何也？何则形同忧而兵趋利也。由此观之，约于同形则利长，后起则诸侯可趋役也。

"故明主察相，诚欲以伯王也为志，则战攻非所先。战者，国之残也，而都县之费也。残费已先，而能从诸侯者寡矣。彼战者之为残也，士闻战则输私财而富军市，输饮食而待死士，令折辕而炊之，杀牛而觞士，则是路君之道也。中人祷祝，君翳酿，通都小县置社，有市之邑莫不止事而奉王，则此虚中之计也。夫战之明日，尸死扶伤，虽若有功也，军出费，中哭泣，则伤主心矣。死者破家而葬，夷伤者空财而共药，完者内酺而华乐，故其费与死伤者均。故民之所费也，十年之田而不偿也。军之所出，矛戟折，镮弦绝，伤弩，破车，罢马，亡矢之大半。甲兵之所具，官之所私出也，士大夫之所匿，厮养士之所窃，十年之田而不偿也。天下有此再费者，而能从诸侯寡矣。攻城之费，百姓理襜蔽，举冲橹，家杂总，穿窟穴，中罢于刀金。而士困于土功，将不释甲，期数而能拔城者为亟耳。上倦于教，士断于兵，故三下城而能胜敌者寡矣。故曰：彼战攻者，非所先也。何以知其然也？昔智伯瑶攻范、中行氏，杀其君，灭其国，又西围晋阳，吞兼二国，而忧一主，此用兵之盛也。然而智伯卒身死国亡，为天下笑者，何谓也？兵先战攻，而灭二于患也。昔者，中山悉起而迎燕、赵，南战于长子，败赵氏；北战于中山，克燕军，杀其将。夫中山千乘之国也，而敌万乘之国二，再战比胜，此用兵之上节也。然而国遂亡，君臣于齐者，何也？不啬于战攻之患也。由此观之，则战攻之败，可见于前事。

"今世之所谓善用兵者，终战比胜，而守不可拔，天下称为善，一国得而保之，则非国之利也。臣闻战大胜者，其士多死而兵益弱；守而不可拔者，其百姓罢而城郭露。夫士死于外，民残于内，而城郭露于境，则非王之乐也。今夫鹄的非咎罪于人也，便弓引弩而射之，中者则善，不中则愧，少长贵贱，则同心于贯之者，何也？恶其示人以难也。今终战比胜，而守必不拔，则是非徒示人以难也，又且害人者也，然则天下仇之必矣。夫罢士露国，而多与天下为仇，则明君不居也；素用强兵而弱之，则察相不事。彼明君察相者，则五兵不动而诸侯从，辞让而重赂至矣。故明君之攻战也，甲兵不出于而敌国胜，冲橹不施而边城降，士民不知而王业至矣。彼明君之从事也,用财少,旷日远而为利长者。故曰:'兵后起则诸侯可趋役也'。

"臣之所闻,攻战之道非师者,虽有百万之军,北之堂上⑧;虽有阖闾、吴起之将,禽之户内;千丈之城,拔之尊俎之间;百尺之冲,折之衽上。故钟鼓竽瑟之音不绝,地可广而欲可成;和乐倡优侏儒之笑不之,诸侯可同日而致也。故名配天地不为尊,利制海内不为厚。故夫善为王业者,在劳天下而自佚,乱天下而自安,佚治在我,劳乱在天下,则王之道也。锐兵来则拒之。患至则趋之。使诸侯无成谋,则其国无宿忧也。何以知其然?昔者魏王拥土千里,带甲三十六万,其强而拔邯郸,西围定阳,又从十二诸侯朝天子,以西谋秦。秦王恐之,寝不安席,食不甘味,令于境内,尽堞中为战具,竟为守备,为死士置将,以待魏氏。卫鞅谋于秦王曰:'夫魏氏其功大,而令行于天下,有从十二诸侯而朝天子,其与必众。故以一秦而敌大魏,恐不如。王何不使臣见魏王,则臣请必北魏矣。'秦王许诺。卫鞅见魏王曰:'大王之功大矣,令行于天下矣。今大王之所从十二诸侯,非宋、卫也,则邹、鲁、陈、蔡,此固大王之所以鞭箠使也,不足以王天下。大王不若北取燕,东伐齐,则赵必从矣;西取秦,南伐楚,则韩必从矣。大王有伐齐、楚之心,而从天下之志,则王业见矣。大王不如先行王服⑨,然后图齐、楚。'魏王说于卫鞅之言也,故身广公宫,制丹衣,建九斿旌,从七星之旂。此天子之位也,而魏王处之。于是齐、楚怒,诸侯奔齐,齐人伐魏,杀其太子，覆其十万之军。魏王大恐，跣行按兵于国，而东次于齐，然后天下乃舍之。当是时，秦王垂拱⑩受西河之外，而不以德魏王。卫鞅之始与王计也，谋约不下席，言于尊俎之间，谋成于堂上，而魏将以禽于齐矣；冲橹未施，而西河之外入于秦矣。此臣之所谓北之堂上，禽将户内，拔城于尊俎之间，折冲席上者也。"

【注释】

① 先天下：先于天下，犹言抢在天下诸侯前面。主怨：犹言为人主结怨。

② 干将、莫邪（yé爷）：剑名。《吕氏春秋》："干将作剑不成，其妻断发剪爪，投于炉中，遂成。剑阳曰干将，阴曰莫邪。"。

③ 铦（xiān先）：锐利。

④ 传卫国：犹言消息传到卫国。传，姚本作"傅"，鲍本作"传"，从鲍本。一说，"传"为"傅"，傅卫国，犹言包围卫国都城。傅，薄，迫近，此指包围。可参考。城割平：城里被迫割地求和。平，求和，讲和。一说，"城割平"是"城刚平"之误。刚平，卫国地名，可供参考。土：通"杜"，堵塞。堕（huī灰）：通"隳"，毁坏，此有攻陷之意。。

⑤ 跣（xiān仙）行：光脚而行。愬：同"愬"，即告诉，诉说。

⑥ 魏王：即魏武侯，当时还没称王，此是辩士之词。厎：同"砥"，磨石，此处名词用如动词，磨。

⑦ 用兵穷者：用兵达到了极点，犹言穷兵黩武。穷：极。

⑧ 北之堂上：打败在朝堂之上。鲍本："言谋之于堂，彼自败也。"北，姚本作"比"，吴补曰："'比'当做'北'"。从吴补。

⑨ 先行王服：先准备帝王的服制。

⑩ 垂拱：垂衣拱手之间。北：姚本作"比"，据上下文义当为"北"字之误，故改。

【解读】

苏秦游说齐闵王道："臣听说谁首先在天下发动战争必然有后患，不顾招人憎恨而为王缔结盟约的人必然陷于孤立。所以说，后发制人应有所凭借，顺应时势方能远离怨恨。所以圣人创造事业，必然善用权势作凭借，并且利用时机而兴盛发达。凭借权势是统率万物的关键；利用时势是做任何事情的核心。所以不凭借权变，违反时机却能办成大事的人太少了。

"现在虽然有干将、莫邪那样的宝剑，但是如果没有高人运用，就不能切割东西。锐利的弓箭和坚硬的箭头，如果得不到弓弦弩机的配合，也不能够射杀远方的敌人。箭并不是不锐利，剑也不是不锋利，那是什么缘故呢？因此光凭人力不行。如何知道是如此呢？从前赵国袭击卫国，掌管兵车的人前进不止，当赵国大军进攻卫国以后,卫国就割地向赵国求和,当时卫国的八道城门都用土堵死,结果有两道城门被摧毁,还是亡国。卫国君主光着脚逃命,派人告诉魏国,魏武侯身披甲胄,手持锋利的剑向赵国挑战,在赵都邯郸城中战马奔驰,黄河与太行山之间一片混乱。卫国得到这个凭借,也收拾残兵向北进攻,收复卫邑刚平,攻下赵邑中牟的外城。由此可见,卫国并不比赵国强盛,假如把卫比做弓的箭,那么魏就等于是弓弦机弩,仰赖魏国的力量才占有河东地方。赵国感到害怕,楚国人去救赵攻魏,在州西开战,从魏都大梁的城东出去,大军驻扎在林中,战马在黄河里饮水。赵国得到这些凭借,也偷袭魏的河北,焚烧棘沟,攻陷黄城。所以,赵国的刚平被夺走,中牟被毁坏,这不是赵国的本意;魏国的棘沟被焚烧,黄城被捣毁,这不是魏国的本意,他们都没有想到会得到这样的结果。可是,为什么他们当初那样卖劲的大干,而最后却得到如此的后果呢?这是因为卫国和赵国善于利用时机和权变的缘故。当今那些治理国家的君主,却不是这样。自己兵弱,偏要同强国为敌;国家疲惫,偏要招来众怨;事情失败了,偏要蛮干到底;自己兵弱,生怕处居人下;自己国小,偏要同大国为敌;事情失败了,偏偏喜欢多诈。如果照这六点干下去,要求建立霸业,那就相差太远了。"我听说,善于治理国家的,要顺应人民的意愿去办事,善于估计军事力量的强弱,自己不首先发难。所以,结盟不招来众怨,出兵不为别人去抵抗强敌,损害自己的实力。这样,自己的兵力不会消耗,权力不会削弱,土地可以开拓，愿望可以实现。从前，齐国与韩、魏一道进攻秦、楚，作战并不是不卖力，齐国分得的土地又不多于韩、魏。可是诸侯都归咎于齐国，这是为什么？是因为齐国把诸侯对韩、魏两国的怨恨都集中到自己身上的缘故。而且诸侯各国普遍地互相攻战：齐国、燕国交战不休，赵国灭掉了中山国；秦、楚作战，韩、魏也跟着秦国参战；宋国、越国专心攻战。这十国都专意互相攻战，可诸侯惟独集怨于齐国，这是为什么？是因为结盟喜欢招来怨恨，使自己孤立；出兵又喜欢别人去抵抗强敌，使自己损耗实力。"国家强大了，常常居于人上，因此招来祸患；国家弱小了，常常想侵占别国的利益，因此遭到灾殃。所以，大国因此而危险，小国因此而被灭亡。从大国考虑，不如后发制人，让不义之国充分暴露，后发制人，盟国多而兵强，这是很好的凭借。因此，集合众强以对付弱小，战争必然获胜。因为是严惩不义，这样，就不违背诸侯之意，利益就随之而来。大国如果这样做了，那么，威名、尊号不必争而自来，霸王之业不去有意争取而自成。从小国考虑，不如谨慎小心，不要轻信盟约。谨慎小心，邻国就不背叛，不轻信盟约，就不致被诸侯出卖。诸侯不出卖，邻国不背叛有了这样的条件，粮食将堆积如山。财货将使用不完。小国如果这样做了，就不用祷告而会得福，不必借贷而会富足。所以说：'根据仁、义来治国，就可以建立霸、王之业；穷兵黩武，必然导致灭亡。'为什么会知道是这样呢？从前，吴王夫差自恃强大，首先发难进攻别国，他攻击楚国，打败越国，亲自率领诸侯之君,可是最后身死国亡,被诸侯所耻笑。为什么会是这样呢?因为夫差平时总是好居于人上,图谋称霸天下,国已强大却喜欢首先发难,因此招来了祸患。从前,莱国、莒国喜好谋略,陈国、蔡国喜欢诈伪。莒国因依仗晋国而被灭,蔡国因依仗越国而国亡。这都是对近邻多诈,轻信诸侯招来的灾祸。由此看来,国家的强、弱、大、小招来的祸患,历史的事实可以作为见证。

"常言说:'千里马衰弱了,劣马也可以超过它,大力士孟贲疲倦了,女子也可以战胜它。'劣马、女子的力量并不比千里马和大力士强壮,那为什么反倒能胜过骏马和孟贲呢?这就是因为有后发制人的凭借。当今天下势均力敌的国家,彼此都不能灭亡对方,有的按兵不动相机起事,借别人去诛讨邪恶势力,隐匿用兵的真因,假借正义之名,那么吞并天下就可以跷足等待了。明了诸侯的变故,精察地理形势,不结盟、不互相扣留人质,情谊会更牢固,不慌张、不急躁却可以使事情进展迅速。诸侯间互相往来我们不要反对,互相割让土地我们也不嫉恨,双方都强大了我们就设法亲近。这是什么道理呢?因为在形势上虽然各国有共同的忧患,而实际上战争是为了夺取利益。怎么晓得如此呢?当初齐、燕在桓山折曲的地方打仗,结果燕军惨败,10万大军全部被消灭。胡人乘机攻打燕国的楼烦几个县,抢夺无数牛马。胡人和齐国向来就不亲近,用兵时又没有缔结什么条约,或者用人质做抵押来共谋燕国,然而实际上合作的程序比订军事同盟还要彻底。这是什么道理呢？因为在形势上有共同的忧患，而战争的实质都是为了争取利益。由此看来，和政治形势相同的国家结盟利益就会长远，后发制人就会有诸侯赶来协助。

"所以英明的君主和精明的宰相，如果真有想做霸王的抱负，那就不能先发动战争，因为战争会伤害国家的元气，并且要耗费大量钱财，如果国家受到损伤，却能联合其他诸侯，那几乎不可能。战争是如此具有破坏性，因此士人一听到战争就捐献私有财产作为军费，商人更会拿出酒菜来招待上战场的将士，长官也折断车前的横木当柴火来杀牛宰羊慰劳士卒，这些都是坑害君王的作法。战前，国人祈祷，国君祭祀，大城市和小县都设有神庙，有市场的城镇都歇业来为君主效命，这些都是可以使国内空虚的计划。在战后的第二天，遍地死尸，人民搀扶着受伤的将士，他们虽然建立了丰伟战功，可惜军队消耗殆尽，全国人民悲哀透顶，已经伤透众人的心。阵亡将士家属为安葬父兄而倾家荡产，负伤将士更为医药费而用尽家财。那些侥幸未受伤的军人，在家里饮酒作乐，他们所消耗的费用竟然和死伤将士相等。所以人民耗费的金钱，十年耕作的收获都抵偿不过。军队出发以后，矛和戟折损，车辕和弓弦拉断，弓弩损失，兵车破坏，战马疲倦，箭损失了大半。甲胄和兵器，是官家花钱买的，经过士大夫的藏匿和士卒的窃取，即使用十年耕作所得也无法补偿这笔损失。天下有这样庞大的浪费，却能和诸侯联合，几乎不可能。攻城的费用是如此庞大，以致使百姓只好缝补破衣遮身，他们有的运送兵车战舰，有的在家织布，有的工作在地窖里面，有的在兵祸中疲于奔命，尤其是那争城夺地的士兵更是困苦，将军都不敢脱下甲胄休息，一个月或几个月攻下一座城池已经算很快了。上面的长官无暇训练士兵，下面的士兵又缺少武器，所以攻下三个城池以后还能胜过敌人的，也是大少了。因此可以断言，那种攻战不应该首先发动。怎么知道是如此呢？以前智伯瑶攻打范、中行氏，杀死他们君主，灭亡他们的国家，然后又派大军往西围困晋阳，吞并了两个国家，并且又逼得赵襄子走投无路，这可算作成功的用兵了。然而到后来智伯却身死国亡，被天下耻笑。这是什么道理呢？是因为智伯首先发动战争而灭亡范、中行氏所引起的祸患。以前中山氏调全国的军队迎战燕、赵，南面在长子击败赵军，北面在中山击败燕军，杀死燕将。中山只不过是一个小国，然而却能击败两个拥有1万辆兵车的大国，而且是连战连胜，这应该算是最会用兵的了。然而到头来国家仍不免灭亡，而中山的君主也做了齐国的臣子。这是什么道理呢？是因为对战事没有节制所招来的祸患。由此看来，战争失败，前车之鉴太多了。

"当今所谓会用兵，有的是连战连胜，或者固守城池不可攻破，天下人称为最佳战绩。然而即使这个国家的土地得以保存，也不能使国家长治久安。臣听说作战而能大获全胜的，将士都要阵亡大半，因而使兵力更弱，守城而不被敌人攻破的，它的百姓将疲惫不堪，甚而城里城外满目荒凉。在外有众多的将士伤亡，在内人民饱受困苦,城廓夷为废墟,这并不是国王的乐事。要说箭靶上的红心并不会得罪人,但是人们都喜欢用箭来射它,射中的人们叫好,射不中的就很羞愧,不论老少尊卑都一心想要射穿红心。这是什么道理呢?因为讨厌让人看出自己不会射箭。现在有人经年不停地战争,而且连战连胜,所守的城池敌人攻不破,这不但是与人为难,而且又损害他人,因此天下必然都仇视他。使战士困顿,国家虚空,又多半和天下结仇,这是贤明君主所不肯作的事。常用兵作战,就会使强兵变成弱兵,这是贤明相国所不能做的事。至于明君和贤相,根本没使用刀剑矛戟弓等五种兵器,天下诸侯却服从了他们的号令,只要讲究辞让之礼,巨额的财富自然会送到他手里来。所以明君发兵作战,不用出动军队就可以战胜敌国,不使用攻城陷阵的兵车战船就可以降服敌国,在百姓还不知道时就把王业缔造成功。那些明君所做的事用钱少,所需的时间虽然长些,可是却能为国家奠定百年基础。所以说只有军队后发制人,诸侯才会来帮助。

"据臣所知,'攻战之道不在军队的多少'。虽然有百万大军,也可以使他们败在我们帷幄之中;虽然有阖闾和吴起那样的军事家,也可以通过室内的谋划把他们俘虏;虽然有1000丈的高大城墙,也可以在杯酒、饭菜之间倒塌;虽然有100尺高的战车,也可以在卧床上折断。结果将是钟、鼓、竽、瑟等乐器的声音不绝于耳,土地可以扩大,愿望也可以如期实现;和着乐声而舞的优伶和矮人等欢笑的声音不休止,各国诸侯可以在同一天朝拜。所以名号齐于天地不算高贵,财权控制四海不算巨大。所以善于创建王业的人,在于使天下效劳而自己安逸生活,使天下纷乱而自己安宁度日,如果能使各诸侯的阴谋无法得逞,那么自己的国家就没有长远的忧患。怎么能知道这些事情呢?生活安逸社会安定归我,生活辛劳社会混乱归天下人,这才是造成王业的根本。精兵攻来就抵抗,祸患到来就迎击,使诸侯阴谋不能形成,那么我们的国家就没有隐忧了。怎么会知道是如此呢?从前魏惠王拥有土地千里,穿甲胄的战士36万,仗恃自己国家的强大,攻下赵都邯郸,又向西围攻定阳,后来又联合十二诸侯去朝见天子,想西去图谋秦国。秦王听了很害怕,连睡觉都不能安枕,连吃饭都吃不出味道,于是就在国内下一道命令,把全部城墙都配备上作战的武器,加强边防的力量,并且招募敢死队,调兵遣将严阵以待魏军。这时商鞅与秦王计划道:'魏国势大,号令能通行天下,曾和十二诸侯朝见天子,魏国的党羽必定很多,一个秦国恐怕抵挡不住强大的魏国。所以大王最好派臣去见魏王,到那时臣一定能使魏军败退。'秦王接受了商鞅的献策,于是,商鞅去见魏王说:'大王的势力够大了,号令行天下。可是大王率领的十二诸侯,不是宋、卫,就是周、鲁、陈、蔡,这些本来都是大王用马鞭驱策的小国,根本不配和大王共治天下。所以大王实在不如北面联合燕国,东面去讨伐齐国,到那时赵国必然会服从;然后再往西联合秦国,往南征讨楚国,到那时韩国必定会屈服。大王若有讨伐齐、楚的决心,又顺从了天下人的志愿,那王业实现就很快了。大王不如先准备天子的服装，然后再去图谋齐、楚。'魏王很重视商鞅的话，所以亲自指挥扩建宫殿，制作红色的王袍，竖立天子的旌旗，打着画有朱雀的军旗，魏王用上天子的威仪。这样一来，齐、楚两国大为震怒，诸侯都赶走救援齐国，齐国联合各诸侯发兵攻魏，杀死魏太子申，消灭魏国10万大军。魏王害怕起来，光着脚狼狈逃回国内，命令停止进军，后来又往东逃到齐国，最后天子诸侯才停止进攻魏。到这时，可以说秦王在垂衣拱手之间不费吹灰之力就接受了西河以外的土地，但是并不感激魏王的好意。所以说：当商鞅和秦王谋划时，策划不须走下枕席，议论是在酒宴之间，可是计谋刚在厅堂之上形成，魏将庞涓已经被齐国俘虏了，兵车战船不曾使用，西河以外的土地就已经归秦国所有。这就是臣所说的'在厅堂上打败敌人，在帷幄里俘虏敌将，在酒宴上攻下敌城，在枕席上折断敌人兵车。'"

齐策六

王孙贾年十五事闵王

王孙贾年十五①,事闵王。王出走,失王之处。其母曰:"女朝出而晚来,则吾倚门而望;女暮出而不还,则吾倚闾而望②。女今事王,王出走,女不知其处,女尚何归③?"

王孙贾乃入市中,曰:"淖齿乱齐国,杀闵王,欲与我诛者,袒右④!"市人从者四百人,与之诛淖齿,刺而杀之。

【注释】

① 王孙贾:齐闵王家臣。

② 女:同"汝",你。闾:里门。

③ 女尚何归:你还回来干什么。鲍本:"责其亲王不如我之亲女。"

④ 杀闵王:当时不能称闵王,只能称王,可见此语是追书之辞。袒右:露出右臂。缪文远本:"秦代尚左,陈涉起义,袒

右称大楚,乃故改秦习。以此,余疑此篇之拟作应在西汉政权建立之后。"可供参考。

【解读】

王孙贾15岁了,侍奉齐闵王。这时燕国打进国都,闵王逃跑了,王孙贾不知闵王逃到何处。他的母亲对他说:"你早出晚归,我就倚着家门盼望你回来;等到晚上你还未归,我就倚着闾门盼望你回来。你现在侍奉大王。大王逃跑了,你不知他逃到何处,你为什么还回家来呢?"

王孙贾于是走到市场上,说:"淖齿在齐国作乱,杀了闵王,谁跟我去讨伐淖齿,就脱下右边的衣袖!"市场上跟随去的有400人,都去讨伐淖齿,终于杀掉了淖齿。

燕攻齐齐破

燕攻齐,齐破。闵王奔莒,淖齿杀闵王。田单守即墨之城,破燕兵,复齐墟①。襄王为太子征②。齐以破燕,田单之立疑③,齐国之众,皆以田单为自立也。襄王立,田单相之。

过菑水④,有老人涉菑而寒,出不能行,坐于沙中。田单见其寒，欲使后车分衣，无可以分者，单解裘而衣之。襄王恶之，曰："田单之施，将欲以取我国乎？不早图，恐后之⑤。"左右顾无人，岩下有贯殊者⑥，襄王呼而问之曰："女闻吾言乎？"对曰："闻之。"王曰："女以为何若⑦？"对曰："王不如因以为己善。王嘉单之善，下令曰：'寡人忧民之饥也，单收而食之；寡人忧民之寒也；单解裘而衣之，寡人忧劳百姓，而单亦忧之，称寡人之意。'单有是善而王嘉之，善单之善，亦王之善已⑧。"王曰："善！"乃赐单牛酒，嘉其行。

后数日，贯殊者复见王曰："王至朝日，宜召田单而揖之于庭，口劳之⑨。乃布令求百姓之饥寒者，收谷之⑩。"乃使人听之于闾里，闻丈夫之相与语，举曰："田单之爱人！嗟，乃王之教泽也！"

【注释】

① 复齐墟：在废墟上重建齐国都城。

② 襄王为太子征：襄王就是太子得到了证实。起初襄王改换姓名为太史敫家的庸人，这时得到了证实。征，犹言证实。

③ 以：通"已"。田单之立疑：对田单立谁为王表示怀疑。

④ 菑（zī资）水：即淄水。菑，通"淄"。

⑤ 恐后之：恐怕晚了。后，晚。鲍本："恐单先发。"

⑥ 岩下：殿岩之下。贯殊：贯珠，串珠的人。一说人名，

姓贯名殊。鲍本："齐人。"一说，贯殊应是"贯珠"，采珠的人，可供参考。

⑦ 何若：即若何，如何，怎么样。

⑧ 善单之善：称赞田单的善行。已：矣，了。

⑨ 口劳之：亲自慰劳他。

⑩ 布令：发布命令。收谷之：收容起来抚养他们。谷，犹言抚养。鲍本："谷，犹养也。"一说，谷，食（sì饲），供参考。举：皆，都。教泽：教导的恩泽。

【解读】

燕国打败了齐国，齐闵王逃到莒地，齐相淖齿杀死了闵王。齐将田单守住即墨，以即墨的残兵，打败了燕军，收复了齐国的失地。当时齐襄王立为太子，逃跑躲藏起来。后来齐国已打败了燕国，田单对于立襄王为国君犹豫不决，齐国人都认为田单想立自己为国君。以后襄王被立为国君，田单做了相国。

一次，过淄水时，田单看见一个老人渡水，受不住寒冷，出水后，不能行走，坐在沙滩上。他看见老人身体寒冷，便想让后车的人分给他一些衣服；可大伙分不出衣服来，田单就把自己的皮衣脱下来给老人穿。回到宫里，襄王很不高兴，说："田单在笼络人，是想要篡夺国家的大权吗？如果不早点想办法，恐怕他会先下手。"襄王看左右无人，只在殿堂下有一个串珠的匠人，便把匠人叫住，问他："你听到我的话了吗？"匠人回答说：

"听到了。"问:"你认为怎么样?"回答说:"大王您不如因此而把它作为自己的优点。"问:"这是什么意思?"回答说:"大王您就嘉奖田单的优点,下令说:'我担心老百姓挨饿,田单便收养他们,给他们饭吃;我担心老百姓受冻,田单便脱下自己的皮衣给他们穿;我担心老百姓劳苦,田单也忧念他们,很合我的心意。'田单有这些优点,大王嘉奖他。因此,嘉奖田单的优点,也就是称赞大王的优点。"襄王说:"好。"于是,赐给了田单牛和酒,嘉奖他的行为。

过了几天,串珠的匠人又来拜见襄王,说:"大王上朝时,应该召见田单,在大庭之中以礼相待,亲自慰劳他。"于是襄王发布命令,收容饥寒的百姓,供养他们。又派人到群众中去,听取他们的议论,他们都说:"田单爱老百姓,这是大王教导的结果啊!"

田单将攻狄

田单将攻狄,往见鲁仲子[①]。仲子曰:"将军攻狄,不能下也。"田单曰:"臣以五里之城,七里之郭,破亡余卒,破万乘之燕,复齐墟。攻狄而不下,何也?"上车弗谢而去[②]。遂攻狄，三月而不克之也。

齐婴儿谣曰："大冠若箕，修剑拄颐，攻狄不能，下垒枯丘[3]。"田单乃惧，问鲁仲子曰："先生谓单不能下狄，请闻其说。"鲁仲子曰："将军之在即墨，坐而织蒉，立则丈插，为士卒倡曰[4]：'可往矣！宗庙亡矣！云白尚矣！归于何党矣[5]！'当此之时，将军有死之心，而士卒无生之气，闻若言[6]，莫不挥泣奋臂而欲战，此所以破燕也。当今将军东有夜邑之奉，西有菑上之虞，黄金横带[7]，而驰乎淄、渑之间，有生之乐，无死之心，所以不胜者也。"田单曰："单有心，先生志之矣。"明日，乃厉气循城，立于矢石之所及，援桴鼓之，狄人乃下[8]。

【注释】

① 狄：齐国邑名，在今山东高苑县西北。春秋时长狄所居，所以叫狄。鲁仲子：即鲁仲连。

② 上车弗谢而去：此句的主语是田单。谢，告辞。

③ 箕：簸箕。拄：支着。攻狄不能，下垒枯丘：攻狄没能成功，下望垒垒枯坟；一说，《说苑》此句作"攻狄不能下，垒于梧丘"；一说，一本作"攻狄不能下，垒枯骨成丘"。可供参考。

④ 织蒉（kuì愧）：编织草筐。蒉，草筐。丈插（chā叉）：此指用臿挖土。丈，通"仗"，凭，荷。插，同"臿"，挖土器。倡：倡导，犹言鼓动。

⑤云白尚矣：犹言魂魄飞去了。云白，魂魄的省文。姚本作"云曰"，黄丕烈《札记》："此'曰'字当做'白'。'云白'者，'魂魄'之省文。"从黄说。尚，通"丧"，丧失。党：处所。鲍本："党，犹乡也。言无所归。"

⑥若：如此。

⑦夜邑之奉：有夜邑租赋之奉。甾上之虞：淄水上游观之乐。甾，通"淄"，淄水。虞，通"娱"，娱乐。黄金横带：犹言腰带的带钩是用黄金装饰的。

⑧厉气循城：犹言勉励士气，在攻城部队中巡视。石：即雷石。及，姚本作"乃"，归于下句。缪文远本："乃"作"及"，归于上句。从缪说。枹（fú浮）：鼓槌。狄人乃下：犹言狄人才投降。

【解读】

田单将要进攻狄城，去拜见鲁仲连，鲁仲连说："将军进攻狄城，是会攻不下的。"田单说："我曾以区区即墨五里之城，七里之郭，带领残兵败将，打败了万乘的燕国，收复了失地，为什么进攻狄城，就攻不下呢？"说罢，他登车没有告辞就走了。随后，他带兵进攻狄城，一连三月，却没有攻下。

齐国的小孩唱着一首童谣说："高高的官帽像簸箕，长长的宝剑托腮齐，攻打狄城不能下，梧丘筑城空伤悲。"田单听了很担忧，便去问鲁仲连："先生说我攻不下狄城，请听听您讲的道理吧。"鲁仲连说:"将军从前在即墨时,坐下去就编织草袋,站起来就舞动铁锹,身先士卒,您号召说:'勇敢地杀上战场,神圣的祖国将要灭亡,我们个个就会走进坟场,只有一条路,勇敢地杀上战场。'在那时,将军有决死之心,士卒无生还之意,听了您的号召,莫不挥泪振臂,奋勇求战。这就是当初您打败燕国的原因。现在,将军您东可收纳夜邑封地的租税,西可在淄水之上尽情地欢乐,金光闪闪的宝剑横挎在腰间,驰骋在淄水、渑水之间,现在您有贪生的欢乐,而无战死的决心。这就是您攻不下狄城的原因。"田单说:"我有决死之心,先生您就看着吧!"

  第二天,他就激励士气,巡视城防,选择箭弩能命中敌人的优势地势,擂鼓进军,狄城终于被攻下了。

楚策一

荆宣王问群臣

荆宣王问群臣曰①："吾闻北方之畏昭奚恤也，果诚何如②？"群臣莫对。江乙对曰③："虎求百兽而食之④，得狐。狐曰：'子无敢食我也⑤。天帝使我长百兽，今子食我，是逆天帝命也⑥。子以我为不信⑦，吾为子先行，子随我后，观百兽之见我而敢不走乎？'虎以为然，故遂与之行。兽见之皆走。虎不知兽畏己而走也，以为畏狐也。今王之地方五千里，带甲百万，而专属之昭奚恤⑧；故北方之畏奚恤也，其实畏王之甲兵也，犹百兽之畏虎也。"

【注释】

① 荆宣王：楚宣王，肃王子，名良夫，公元前369年~前340年在位。荆，楚。

② 北方：指北方各诸侯国。昭奚恤：楚国相国。果诚：果真。

③ 江乙：姚本作"江一"，此从鲍本。本魏人，仕于楚。为楚国大夫。

④ 求：寻找，寻求。

⑤ 无敢：不敢。

⑥ 长百兽：为百兽之长。长：用如动词，做首领。逆：违背，违抗。

⑦ 信：老实，诚实。

⑧ 方：方圆，纵横。属：隶属，归……掌管。

【解读】

楚宣王问群臣，说："我听说北方诸侯都害怕楚令尹昭奚恤，果真是这样吗？"群臣无人回答，江乙回答说："老虎寻找各种野兽来吃。找到了一只狐狸，狐狸对老虎说：'您不敢吃我，上天派我做群兽的领袖，如果您吃掉我，这就违背了上天的命令。您如果不相信我的话，我在前面走，您跟在我的后面，看看群兽见了我，有哪一个敢不逃跑的呢？'老虎信以为真，就和狐狸同行，群兽见了它们，都纷纷逃奔。老虎不明白群兽是害怕自己才逃奔的，却以为是害怕狐狸。现在大王的国土方圆5000里，大军百万，却由昭奚恤独揽大权。所以，北方诸侯害怕昭奚恤，其实是害怕大王的军队，这就像群兽害怕老虎一样啊。"

苏秦为赵合从说楚威王

苏秦为赵合从，说楚威王曰①："楚，天下之强国也。大王，天下之贤王也。楚地西有黔中、巫郡，东有夏州、海阳，南有洞庭、苍梧，北有汾陉之塞、郇阳②。地方五千里，带甲百万，车千乘，骑万匹，粟支十年，此霸王之资也。夫以楚之强与大王之贤，天下莫能当也。今乃欲西面而事秦，则诸侯莫不西面而朝于章台之下矣③。秦之所害于天下莫如楚，楚强则秦弱，楚弱则秦强，此其势不两立。故为王至计，莫如从亲以孤秦④。大王不从亲，秦必起两军：一军出武关⑤；一军下黔中。若此，则鄢、郢动矣。臣闻治之其未乱，为之其未有也；患至而后忧之，则无及矣。故愿大王之早计之。

"大王诚能听臣，臣请令山东之国，奉四时之献，以承大王之明制，委社稷宗庙，练士厉兵，在大王之所用之。大王诚能听臣之愚计，则韩、魏、齐、燕、赵、卫之妙音美人，必充后宫矣。赵、代良马橐驼⑥，必实于外厩。故从合则楚王，横成则秦帝。今释霸王之业，而有事人之名，臣窃为大王不取也。

"夫秦，虎狼之国也，有吞天下之心。秦，天下之仇仇也，横人皆欲割诸侯之地以事秦，此所谓养仇而奉仇者也。夫为人臣而割其主之地，以外交强虎狼之秦，以侵天下，卒有秦患，不顾其祸。夫外挟强秦之威，以内劫其主，以求割地，大逆不忠，无过此者。故从亲，则诸侯割地以事楚；横合，则楚割地以事秦。此两策者，相去远矣，有亿兆之数。两者大王何居焉？故弊邑赵王，使臣效愚计，奉明约，在大王命之。"

楚王曰："寡人之国，西与秦接境，秦有举巴蜀、并汉中之心。秦，虎狼之国，不可亲也。而韩、魏迫于秦患，不可与深谋，恐反人以入于秦，故谋未发而国已危矣。寡人自料，以楚当秦，未见胜焉。内与群臣谋，不足恃也。寡人卧不安席，食不甘味，心摇摇如悬旌⑦，而无所终薄。今君欲一天下，安诸侯，存危国，寡人谨奉社稷以从。"

【注释】

① 苏秦为赵合从：苏秦替赵王推行合纵之策。

② 夏州：地名，在今湖北江陵县，一说，在湖北旧夏口县北。海阳：地名，今地未详，楚国东部边境。郇阳：即旬关，在今陕西旬阳县东。郇：通"旬""洵"。

③ 章台：战国时秦国离宫的台名，此代指宫殿名。

④ 至计：最好的计策。至，最，极。从亲：即亲纵，亲近合纵，犹言参加合纵。

⑤ 武关：秦国地名，在今陕西商县东。。

⑥ 橐（tuó驼）驼：即骆驼。姚本作"他"，鲍本作"驼"，从鲍本。

⑦ 摇摇：摇动，摇荡，形容心神不安。如悬旌：像悬挂着的旗帜。薄：附着。

【解读】

苏秦为赵国组织合纵联盟，去游说楚威王，说："楚国是天下的强国，大王是天下的贤主。楚国西有黔中、巫郡，东有夏州、海阳，南有洞庭、苍梧，北有汾陉、郇阳，全国土地方圆5000里，战士百万，战车千辆，战马万匹，粮食可供十年，这是建立霸业的资本。凭楚国这样强大，大王这样贤能，真是天下无敌。可现在您却打算听命于秦国，那么诸侯必不会入朝楚国于章台之下了。秦国最引以为忧的莫过于楚国，楚国强盛则秦国削弱，楚国衰弱则秦国强大，楚、秦两国势不两立。所以为大王考虑，不如六国结成合纵联盟来孤立秦国。大王如果不组织六国合纵联盟，秦国必然会从两路进军，一路出武关，一路下汉中。这样，楚都鄢郢必然会引起震动。我听说：'平定天下，在它还未混乱时就要着手；做一件事，在未开始时就要做好准备'。祸患临头，然后才去发愁，那就来不及了。所以，我希望大王及早谋划，您真能听取我的意见，我可以让山东国四时都来进贡，奉行大王的诏令，将国家、宗庙都委托给楚国，还训练士兵，任大王使用。大王真能听从我的愚计，那么，韩、魏、齐、燕、赵、卫各国的歌女、美人必定会充满您的后宫，越国，代郡的良马、骆驼一定会充满您的马厩。因此，合纵联盟成功，楚国就可以称王;连横阵线成功,秦国就会称帝。现在您放弃称王、称霸的大业,反而落个'侍奉别人'的丑名,我私下实在不敢赞许大王的做法。

"秦国贪狠暴戾如同虎狼,有吞并六国的野心,秦国是诸侯的仇敌,而主张连横的人却想以割让诸侯土地去讨好秦国,这实在是所谓'奉养仇敌'的做法。做为人臣,以损失自己国家的领土为代价,交结强暴如虎狼的秦国,去侵略诸侯,终致招来秦国的忧患,还不顾其祸害。至于对外依靠强秦的威势,对内胁迫自己的国君,丧失国土,大逆不道,为国不忠,就再没有比这更甚的了。所以,合纵联盟成功,诸侯就会割地听从楚国;连横阵线成功,楚国就得割地听从秦国。合纵与连横这两大谋略,相差十万八千里。对两者大王到底如何取舍呢?因此,敝国国君赵王特派我为大王献此愚计,并遵守盟约,任凭您决定。"

楚王说:"我的国家,西边与秦国相接,秦国有夺取巴蜀,吞并汉中的野心,秦国贪狠暴戾如同虎狼,不可能和它友好。而韩、魏两国迫于秦国的威胁,又不能和他们深谋,如果和他们深谋,恐怕他们反会投入秦国的怀抱。这样,计谋还没有付诸实行,楚国就会大祸临头了。我自己考虑,单凭楚国来对抗秦国,未必能够取得胜利。在国内我与群臣谋划,也是靠不住的,我觉也睡不安,饭也吃不香,心神不安,如旗子飘荡不定,终无所托。现在您想统一天下,安定诸侯,拯救危国,我完全同意参加合纵联盟。"

张仪为秦破从连横

张仪为秦破从连横，说楚王曰："秦地半天下，兵敌四国，被山带河，四塞以为固①。虎贲之士百余万，车千乘，骑万匹，粟如丘山。法令既明，士卒安难乐死②。主严以明，将知以武。虽无出兵甲，席卷常山之险，折天下之脊③，天下后服者先亡。且夫为从者，无以异于驱群羊而攻猛虎也。夫虎之与羊，不格明矣④。今大王不与猛虎而与群羊，窃以为大王之计过矣。

"凡天下强国，非秦而楚，非楚而秦。两国敌侔交争⑤，其势不两立。而大王不与秦，秦下甲兵，据宜阳，韩之上地不通；下河东，取成皋，韩必入臣于秦。韩入臣，魏则从风而动。秦攻楚之西，韩、魏攻其北，社稷岂得无危哉？

"且夫约从者，聚群弱而攻至强也⑨。夫以弱攻强，不料敌而轻战，国贫而骤举兵，此危亡之术也。臣闻之，兵不如者，勿与挑战；粟不如者，勿与持久。夫从人者，饰辩虚辞，高主之节行，言其利而不言其害，卒有楚祸，无及为已⑥，是故愿大王之熟计之也。

"秦西有巴蜀，方船积粟，起于汶山，循江而下，至郢三千余里。舫船载卒，一舫载五十人，与三月之粮，下水而浮，一日行三百余里；里数虽多，不费马汗之劳，不至十日而距扞关；扞关惊，则从竟陵已东，尽城守矣，黔中、巫郡非王之有已。秦举甲出之武关，南面而攻，则北地绝。秦兵之攻楚也，危难在三月之内。而楚恃诸侯之救，在半岁之外，此其势不相及也。夫恃弱国之救，而忘强秦之祸，此臣之所以为大王之患也。且大王尝与吴人五战三胜而亡之，陈卒尽矣；有偏守新城而居民苦矣。臣闻之，攻大者易危，而民弊者怨于上。夫守易危之功，而逆强秦之心，臣窃为大王危之。

"且夫秦之所以不出甲于函谷关十五年以攻诸侯者，阴谋有吞天下之心也。楚尝与秦构难，战于汉中。楚人不胜，通侯、执珪⑦死者七十余人，遂亡汉中。楚王大怒，兴师袭秦，战于蓝田，又却。此所谓两虎相搏者也。夫秦、楚相弊，而韩、魏以全制其后，计无过于此者矣，是故愿大王熟计之也。

"秦下兵攻卫、阳晋，必扃天下之匈，大王悉起兵以攻宋，不至数月而宋可举。举宋而东指，则泗上十二诸侯⑧，尽王之有已。

"凡天下所信约从亲坚者苏秦，封为武安君而相燕，即阴与燕王谋破齐共分其地。乃佯有罪，出走入齐，齐王因受而相之。居二年而觉，齐王大怒，车裂苏秦于市。夫以一诈伪反覆之苏秦，而欲经营天下，混一诸侯，其不可成也亦明矣。

"今秦之与楚也，接境壤界，固形亲之国也。大王诚能听臣，臣请秦太子入质于楚，楚太子入质于秦，请以秦女为大王箕帚之妾⑨，效万家之都，以为汤沐之邑，长为昆弟之国，终身无相攻击。臣以为计无便于此者。故敝邑秦王，使使臣献书大王之从车下风，须以决事。"

楚王曰："楚国僻陋，托东海之上。寡人年幼，不习国家之长计。今上客幸教以明制，寡人闻之，敬以国从。"乃遣使车百乘，献骇鸡之犀、夜光之璧于秦王。

【注释】

① 四国：四方之国，泛指众诸侯国。被山带河：以山为被，以河为带，犹言山绕河围。鲍本："被，寝衣也，喻其亘延。"四塞以为固：犹言四方皆有险阻，可谓牢固。郭希汾本："四方皆有险阻，言牢固也。"

② 安难乐死：安于危难，乐于效死。

③ 折天下之脊：折断天下诸侯的脊梁。因常山与太行山相连，因此说"折天下之脊"。

④ 不格明矣：不用格斗，胜负自明。格，格斗，抵敌。

⑤ 侔（móu牟）：齐等，相等。

⑥ 饰辩虚辞：犹言修饰雄辩虚假的言辞。卒有楚祸：犹言结果发生了秦国进攻楚国的祸患。无及：来不及。

⑦ 执珪：楚国上等爵位名。

⑧ 泗上十二诸侯：泗水岸边有十二个诸侯小国，如滕、薛、邾、莒、宋、鲁等国。

⑨ 箕帚（zhǒu肘）之妾：犹言从事洒扫之事的贱妾，这是古人对嫁女的谦虚说法。箕：簸箕。帚：扫除的工具。

【解读】

张仪为秦国瓦解合纵联盟，组织连横阵线去游说楚王，说："秦国土地广阔，占有天下之半；武力强大，可与诸侯对抗；四境有险山阻隔，东边又绕着黄河，四边都有险要的屏障，国防巩固如同铁壁铜墙，还有战士百多万人，战车千辆，战马万匹，粮食堆积如山，法令严明，士卒赴汤蹈火，安然自得，拼死战斗，毫不畏惧，国君严厉而又英明，将帅足智多谋而又勇武，假如秦国一旦出兵，夺得恒山的险隘就像卷席那样地轻而易举。这样，就控制了诸侯要害之地，天下后来臣服的人必然遭到灭亡。再说，搞合纵联盟的人，无异于驱赶群羊去进攻猛虎，弱羊敌不过猛虎，这是很明显的。现在大王不与猛虎友好，却与群羊为伍，我认为大王的主意完全错了。

"大凡天下的强国，不是秦国，就是楚国；不是楚国，就是秦国，两国不相上下，互相争夺，势不两立。如果大王不与秦国联合。秦国出兵杀将进来，占据宜阳，韩国的上党要道就被切断；他们进而出兵河东，占据成皋，韩国必然投降秦国。韩国投降秦国，魏国也必然跟着归顺秦国。这样，秦国进攻楚国的西边，韩、魏又进攻楚国的北边，楚国怎能没有危险呢？况且那合纵联盟，只不过是联合了一群弱国，去进攻最强的秦国。以弱国去进攻强国,不估量强敌便轻易作战,致使国家贫弱而又经常发动战争,这是危险的做法,我听说:'兵力不强,切勿挑战;粮食不足切勿持久。'那些主张合纵联盟的人,夸夸其谈,巧言辩说,赞扬人主的节操和品行,只谈好处,不谈祸害,一旦楚国大祸临头,就无所措手足了,所以希望大王要深思熟虑。

"秦国西有巴、蜀,用船运粮,自汶山起锚,并船而行,顺长江而下,到楚都有3000多里,并船运兵,一船载50人,和运3月粮食的运粮船同行,浮水而下,一日行300多里,路程虽长,却不费车马之劳,不到10天,就到达扞关,与楚军对峙;扞关为之惊动,因而自竟陵以东,只有守卫之力,黔中、巫郡都会不为大王所有了。秦国又出兵武关,向南进攻,则楚国的北部交通被切断,秦军攻楚,三月之内形势将十分危急,而楚国等待诸侯的援军,要在半年之后,这将无济于事,依靠弱国远不解近渴的救援,忘记强秦迫在眉睫的祸患,这就是我为大王所担忧的。再说,大王曾与吴国交战,五战三胜,您的兵卒已尽,又远守新得之城,居民深受其苦,我听说:'进攻强大的敌人则易遭危险;人民疲惫穷困,则易抱怨君上。'进追求易受危难的功业,而违背强秦的意愿,我暗自为大王感到危险,至于秦国之所以15年不出兵函谷关进攻诸侯,是因为它有阴谋吞并诸侯的野心,楚国曾与秦国交战,战于汉中,楚国被打败,通侯、执圭以上官爵死了的有70多人,终究失掉了汉中。楚王于是大怒,出兵袭秦,战于蓝田,又遭失败。这就是所谓'两虎相斗啊'!秦国和楚国互相削弱，韩、魏两国却保存实力，乘机进攻楚国的后方，出谋划策是没有比这再错误的了，所以希望大王要深思熟虑。

"秦国出兵进攻卫国的阳晋，必定卡住诸侯的交通要道，大王全力进攻宋国，不到数月，就可以灭宋，若再继续东进，泗上十二诸侯就全为大王所有了。在诸侯中坚持合纵联盟的苏秦，被封为武安君，而出任燕相，暗地里与燕王合谋进攻齐国，瓜分齐国。他假装在燕国获罪，逃到齐国，齐王接待了他，并又任命他为相国。过了两年，齐王发觉他的阴谋，非常气愤，便车裂了苏秦。一贯靠着哄骗欺诈、反复无常来求荣的苏秦，想要图谋左右天下，统一诸侯，这不可能成功，是很明显的了。现在，秦、楚两国接界，本来是友好的国家。大王果真能听从我的劝告，我可以让秦太子做楚国的人质，让楚太子做秦国的人质，让秦女做大王侍奉洒扫之妾，并献出万户大邑，作为大王的汤沐邑，从此秦、楚两国永远结为兄弟之邦，互不侵犯，如果真是这样，我认为没有比这更有利于楚国的了。所以秦王派我出使贵国，呈献国书，敬候您的决定。"

楚王说："楚国地处穷乡僻壤，靠近东海之滨。我年幼无知，不懂得国家的长远大计。现在承蒙贵宾的英明教导，我完全接受您的高见，把国事委托给您，参加连横阵线。"于是他派出使车百辆，将骇鸡犀角、夜光宝璧献给了秦王。

楚策二

齐秦约攻楚

齐、秦约攻楚，楚令景翠以六城赂齐，太子为质①。昭雎谓景翠曰："秦恐且因景鲤、苏厉而效地于楚②。公出地以取齐，鲤与厉且以收地取秦，公事必败。公不如令王重赂景鲤、苏厉，使入秦，齐恐③，必不求地而合于楚。若齐不求，是公与约也④。"

【注释】

① 景翠：楚国将领。太子：名横，即后来的楚顷襄王。

② 景鲤：楚怀王相国。苏厉：洛阳人，苏秦之弟，当时在楚国。

③ 齐恐：齐国恐惧。姚本作"秦恐"，按下文当做"齐恐"。

④ 与约：犹言和好结约。

【解读】

齐国和秦国相约共同进攻楚国，楚国派大将景翠拿6座城邑送给齐国，并用太子做人质，与齐国结为友好。楚国的谋臣昭雎对景翠说："秦国担心齐、楚两国联合，自己就要通过景鲤和苏厉献地给楚国。您要拿出土地争取齐国，景鲤、苏厉却要接受秦的献地，来结好秦国，这样您割地与齐国结好的事，就必定受到报怨而失败。您不如要楚王派景鲤、苏厉带上重金出使秦国。这样，齐国就会疑心秦、楚联合而担心害怕，它就一定不会向楚国索地，而与楚国联合。若齐国不向楚国索地，而与楚国联合，那么，您就一举共结两国之盟约。"

楚怀王拘张仪

楚怀王拘张仪[①]，将欲杀之。靳尚为仪谓楚王曰[②]："拘张仪，秦王必怒。天下见楚之无秦也[③]，楚必轻矣。"又谓王之幸夫人郑袖曰[④]："子亦自知且贱于王乎[⑤]？"郑袖曰："何也？"尚曰："张仪者，秦王之忠信有功臣也。今楚拘之，秦王欲出之。秦王有爱女而美，又简择宫中佳丽好玩习音者，以欢从之⑥；资之金玉宝器，奉以上庸六县为汤沐邑⑦，欲因张仪内之楚王。楚王必爱，秦女依强秦以为重，挟宝地以为资，势为王妻以临于楚。王惑于虞乐⑧，必厚尊敬亲爱之而忘子，子益贱而日疏矣。"郑袖曰："愿委之于公，为之奈何？"曰："子何不急言王，出张子。张子得出，德子无已时，秦女必不来，而秦必重子。子内擅楚之贵，外结秦之交，畜张子以为用，子之子孙必为楚太子矣，此非布衣之利也⑧。"郑袖遽说楚王出张子。

【注释】

① 楚怀王拘张仪：楚怀王拘留张仪。楚怀王十六年，张仪游说怀王与齐国绝交，并佯称秦国愿献商于六百里土地给楚国，楚、齐绝交后，张仪却以六里相欺，怀王大怒，发兵攻秦，先后在丹阳、蓝田被秦国打得大败。怀王十八年，秦、楚讲和，张仪又为秦国出使楚国，怀王恼怒张仪的欺骗，就拘留了他。

② 靳（jìn尽）尚：楚怀王宠臣，与张仪有私交。

③ 楚之无秦：犹言楚国失去了与秦国的邦交。

④ 郑袖：亦称南后，楚怀王宠幸的夫人。

⑤ 且贱于王：将被大王所轻视。且，将。郭希汾本："且，将也。言将为怀王所贱视也。"

⑥ 简择：选择。佳丽：美貌的女子。好玩：犹言善于游戏。习音者：娴于音乐的女子。以欢从之：犹言为了使她高兴而跟随她。缪文远本："言令从之以欢其女，谓媵也。"

⑦ 上庸：秦国县名，在今湖北竹山县西南。
⑧ 畜(xù绪)：畜养，收留。布衣之利：犹言一般的利益。

【解读】

楚怀王拘留张仪，这时怀王的佞臣靳尚对怀王说："君王把张仪拘禁下狱，秦王必定愤怒。天下诸侯一看楚国失去了盟邦秦国，楚国的地位就会低落。"接着靳尚又对怀王的宠妃郑袖说："你可知道你马上要在君王面前失宠了吧！"郑袖说："为什么？"靳尚说："张仪是秦王有功的忠臣，现在楚国把他拘留下狱了，秦国要楚国释放张仪。秦王有一个美丽的公主，同时又选择美貌善玩懂音乐的宫女陪嫁，为了使她高兴，此外秦王陪嫁各种金玉宝器，用上庸6县送给她作为享乐的费用，这次正想经张仪献给君王为妻。君王必定很爱秦国公主，而秦国公主也仰仗强秦来抬高自己身价，同时更以珠宝土地为资本，四处活动势必被立为君王的妻子，到那时秦国公主就等于君临楚国，而君王每天都沉迷于享受，必然忘掉你。你被忘掉以后，那你被轻视的日子就不远了。"郑袖说："一切都拜托您办理，我真不知道该怎么好。"靳尚说："您为什么不赶快建议君王释放张仪。张仪如果能够获得释放，必然对您感激不尽，秦国的公主也就不会来了，那秦国必定会尊重您。您在国内有楚国的崇高地位，在国外结交秦国，并且留张仪供您驱使。你的子孙必然成为楚国太子，这绝对不是一般的利益。"郑袖立刻就去说服楚怀王放了张仪。

秦败楚汉中

秦败楚汉中。楚王入秦,秦王留之①。游腾为楚谓秦王曰:"王挟楚王,而与天下攻楚,则伤行矣。不与天下共攻之,则失利矣。王不如与之盟而归之。楚王畏,必不敢倍盟,背盟,王因与三国攻之,义也。"

【注释】

① 楚王:指楚怀王。秦王:指秦昭王。

【解读】

秦国在汉中击败了楚军。楚王去到秦国,秦王扣留了他。楚臣游腾为楚国对秦王说:"大王挟持了楚王,与齐、魏、韩三国一道进攻楚国,这是不义之行;可是,不与三国一道进攻楚国,又会失利。您不如与楚国结盟,放楚王回国。他害怕秦国,必然不敢背约;如果他背约,大王再与三国一道进攻楚国,这就名正言顺了。"

楚策三

楚王逐张仪于魏

楚王逐张仪于魏①。陈轸曰:"王何逐张子?"曰:"为臣不忠不信。"曰:"不忠,王无以为臣;不信,王勿与为约。且魏臣不忠不信,于王何伤?忠且信,于王何益?逐而听则可,若不听,是王令困也②。且使万乘之国免其相,是城下之事也③。"

【注释】

① 楚王逐张仪于魏:楚怀王让魏国驱逐张仪。当时张仪相魏,想使魏国与秦国、韩国相联合,进攻齐国、楚国,所以楚王想要驱逐他。

② 是王令困也:犹言这是大王的命令不能在诸侯中实行,而使自己处于困境。

③ 城下之事:犹言城下之盟,兵临城下而被迫结盟。此处指楚国命令魏国免其相并驱逐出境,就像城下结盟一样的耻辱。

【解读】

楚王要魏国赶走相国张仪。陈轸对楚王说:"大王为什么要赶走张仪呢?"楚王说:"张仪作为人臣不忠不信。"陈轸说:"张仪不忠,大王可以不要他做您的大臣,张仪不信,大王可以不要和他定下诺言。况且,他是魏国的大臣,不忠不信,对大王有什么损害呢?他既尽忠且守信,对大王又有什么好处呢?大王要魏国把他赶走,如果魏国听从您的意思,那还好,如果不听您的意见,这就会使大王处境尴尬,下不了台。再说,要一个万乘大国按照别国的命令罢免本国的相国,这就如同订立城下之盟那样,是奇耻大辱。

五国伐秦

五国伐秦①。魏欲和,使惠施之楚。楚将入之秦而使行和②。

杜赫谓昭阳曰③:"凡为伐秦者楚也④。今施以魏来,而公入之秦,是明楚之伐而信魏之和也⑤。公不如无听惠施,而阴使人以请听秦⑥。"昭子曰:"善。"因谓惠施曰:"凡为攻秦者魏也,今子从楚为和,楚得其利,魏受其怨。子归,吾将使人因魏而和。"

惠子反，魏王不悦⑦。杜赫谓昭阳曰："魏为子先战，折兵之半，谒病不听⑧，请和不得，魏折而入齐、秦，子何以救之？东有越累，北无晋⑨，而交未定于齐、秦，是楚孤也。不如速和⑩。"昭子曰："善。"因令人谒和于魏。

【注释】

① 五国伐秦：指楚、赵、魏、韩、燕联合进攻秦国。

② 入之秦：即使之入秦。

③ 昭阳：楚国大臣。

④ 凡为伐秦者楚也：凡是参加讨伐秦国的国家是以楚国为首领的。

⑤ 明楚之伐：犹言表明楚国主战。信魏之和：相信魏国主和。

⑥ 请听秦：请求讲和听从秦国的命令。

⑦ 魏王：魏襄王；一说，魏哀王。可供参考。

⑧ 折：减损，损失。后文中的"折"，是调转之意。病：困，军队处于困境之中。郭希汾本："病，困也。折兵不能战也。"

⑨ 累：麻烦。北无晋：犹言北面又没有魏国的援助。晋，此指魏国；一说，指三晋。可供参考。

⑩ 不如速和：不如迅速与秦国讲和。缪文远本："指速和

于秦。"因令人谒和于魏:于是派人告诉魏国与秦讲和。缪文远本:"告魏请与秦和也。"

【解读】

魏、韩、赵、楚、燕五国联合攻秦,五国败,魏国想求和,派惠施到楚国去。楚国将送他到秦国去议和。

楚臣杜赫对楚将昭阳说:"统帅五国进攻秦国的,是楚国,现在惠施奉魏王之命来楚国,您却派人把他送到秦国去,这显然是告诉秦国,楚国是主张攻秦的,魏国是主张议和的。您不如不要听从惠施的,秘密派人去与秦国讲和,听命于秦国。"昭阳说:"好。"于是对惠施说:"魏国是带头进攻秦国的,现在您跟随楚国去秦国议和,楚国得利,魏国却受怨。您还是回去,我将派人以魏国的名义去与秦国议和。"

惠施返回魏国,魏王很不高兴。杜赫对昭阳说:"魏国为您打头阵,损失了一半的兵力,求援既没有答应,请和又不得要领,魏国转而倒向秦、齐,您怎么挽救这种局势呢?东边要顾虑越国,北边又无韩、赵、魏三国的援助,而且与齐、秦的邦交还不巩固,这样就会使楚国孤立。还不如赶快和秦国议和。"昭阳说:"好。"于是派人去告诉魏国,与秦国议和。

秦伐宜阳

秦伐宜阳。楚王谓陈轸曰:"寡人闻韩侈巧士也①,习诸侯事,殆能自免也。为其必免,吾欲先据之以加德焉②。"陈轸对曰:"舍之,王勿据也。以韩侈之知,于此困矣。今山泽之兽,无黠于麋③。麋知猎者张罔,前而驱己也,因还走而冒人,至数④。猎者知其诈,伪举罔而进之,麋因得矣。今诸侯明知此多诈,伪举罔而进者必众矣。舍之,王勿据也。韩侈之知,于此困矣。"楚王听之,宜阳果拔。陈轸先知之也。

【注释】

① 韩侈(chǐ尺):即公仲侈,韩国相国。

② 据:据守。

③ 黠(xiá侠):聪慧,此指狡猾。麋(mí迷):即麋鹿。

④ 罔:同"网"。冒人:犯人,犹言顶撞人。数(shuò朔):屡次。

【解读】

秦国攻打韩国的宜阳。楚王对陈轸说:"寡人听说,韩国的公仲侈是能谋辩的智谋之士,精通天下诸侯间的事情,他必能自免灭亡。因为他一定能避免宜阳失守,所以我想先代守宜阳,以此让他们感激我。"陈轸回答说:"放弃这种打算,大王不要据守宜阳。以公仲侈那样的聪明,在这里都陷入困境。举个例子说:在栖息山川的野兽中,没有比麋鹿更狡猾的了。当麋鹿知道猎人张下网,要前来把它赶到网里去,因而就往回跑袭击人。经过许多次,猎人认识到麋鹿的狡诈习性,于是就假装举起网使麋鹿自己走近前来,如此才能捕捉麋鹿。如今诸侯明明知道这里有许多诡诈的伎俩,也有许多诸侯像猎人一样伪装举着网,让你走进来。放弃这种打算,大王千万不要据守宜阳。公仲侈那样聪明,在这里都陷入困境了。"楚怀王采纳了陈轸的建议,宜阳城果然陷落,陈轸早已经料到这个结果。

楚策四

长沙之难

长沙之难,楚太子横为质于齐①。楚王死,薛公归太子横,因与韩、魏之兵,随而攻东国。太子惧。昭盖曰②:"不若令屈署以东国为和于齐以动秦③。秦恐齐之取东国④,而令行于天下也,必将救我。"太子曰:"善。"遽令屈署以东国为和于齐。秦王闻之惧,令芈戎告楚曰⑤:"毋与齐东国,吾与子出兵矣。"

【注释】

① 长沙之难:其事不详,其地点难定。太子横:楚怀王太子,名横。据《楚世家》记载:楚怀王二十九年,"秦复攻楚,大破楚,楚军死者二万。杀我将军景缺,怀王恐,乃使太子为质于齐以求平。"

② 昭盖:楚国大臣。

③ 屈署：楚国将领。以东国：姚本作"以新东国"，鲍本认为"新"字为衍文，从鲍本。

④ 取东国：姚本作"败东国"，金正炜本："'败'当为'取'，字形相近而误。"从金说。

⑤ 秦王：即秦昭王。芈戎：秦宣太后的同父弟，号华阳君，又号新成君，当时为秦国将领。芈，姚本作"辛"，鲍本作"芈"，从鲍本。

【解读】

长沙战难以后，楚太子横被齐国抓去做人质。楚怀王死后，薛公才让太子横归国，不久，齐国又联合韩魏的军队，紧跟着来进攻楚国东边的城邑。太子横非常害怕。楚臣昭盖说："不如让屈署割让东边的土地和齐国讲和，因为如此就可以策动秦。秦国担心齐国夺取楚国东地之后在天下发号施令，那秦国必然会派军来救我们。"太子横说："好的。"于是太子横就命令屈署，把东方的土地割给齐国，请求讲和。秦昭王为此惧怕万分，就赶紧派芈戎到楚国报告说："不要把东方土地送给齐国，秦国协助你们一起出兵攻齐。"

天下合从

　　天下合从，赵使魏加见楚春申君曰①："君有将乎？"曰："有矣，仆欲将临武君②。"魏加曰："臣少之时好射，臣愿以射譬之，可乎？"春申君曰："可。"加曰："异日者，更羸与魏王处京台之下③，仰见飞鸟。更羸谓魏王曰：'臣为王引弓虚发而下鸟④。'魏王曰：'然则射可至此乎⑤？'更羸曰：'可。'有间，雁从东方来，更羸以虚发而下之。魏王曰：'然则射可至此乎？'更羸曰：'此孽也⑥。'王曰：'先生何以知之？'对曰：'其飞徐而鸣悲。飞徐者，故疮痛也⑦；鸣悲者，久失群也，故疮未息，而惊心未去也⑧。闻弦音，引而高飞⑨，故疮陨也。'今临武君尝为秦孽⑩，不可为拒秦之将也。"

【注释】

① 魏加：赵国大臣。

② 临武君：楚国将领。

③ 更羸（léi雷）：假托的人名。京台：高台。

④ 引弓虚发：拉弓空发，即只拉弓，不射箭。下鸟：使鸟掉下来。

⑤ 射：指射技。

⑥ 孽（niè聂）：病，此犹言有隐伤。

⑦ 故疮：原来的创口。疮，同"创"。

⑧ 去：去掉，犹言消除。去，姚本作"至"，鲍本作"去"，从鲍本。

⑨ 引而高飞：犹言鼓动翅膀向高飞翔。引，牵，此处有鼓动翅膀之意。

⑩ 尝为秦孽：犹言曾经被秦军打败，犹如惊弓之鸟。

【解读】

天下各诸侯联合起来抗秦。赵国派魏加去见楚相春申君黄歇说："您已经安排好领兵的大将吗？"春申君说："是的，我想派临武君为大将。"魏加说："我年幼时喜欢射箭，因此我就用射箭做个譬喻好不好？"春申君说："好的。"魏加说："有一天，魏臣更羸和魏王站在高台之下，抬头看见飞鸟。这时更羸对魏王说：'我只要虚拨一下弓弦，就可以把鸟射死掉在你眼前。'魏王说：'可是射技有如此高超吗？'更羸说：'可以的。'过了一会儿，有一只大雁从东方飞来，更羸虚射一箭就把这大雁射落在地上。魏王说：'可是虚射怎么会出现这种结果呢？'更羸说：'因为这是一只病雁。'魏王说：'你怎么知道？'更羸说：'这只雁飞得很缓慢，叫的声音又悲切；飞得缓慢是因为它旧伤疼痛；叫得悲切是因为它离开了雁群，身负旧伤且心存惊惧，一听见弓弦的声音就吓得拼命高飞，以致使它的旧伤口破裂而掉落下来。'现在的临武君也曾被秦军打败，犹如惊弓之鸟，所以派他去担任抗秦的将领是不妥当的。"

虞卿谓春申君

虞卿谓春申君曰①:"臣闻之《春秋》,于安思危,危则虑安。今楚王之春秋高矣②,而君之封地,不可不早定也。为主君虑封者,莫如远楚。秦孝公封商君,孝公死,而后王不免杀之③。秦惠王封冉子④,惠王死,而后王夺之。公孙鞅,功臣也;冉子,亲姻也。然而不免夺死者,封近故也。太公望封于齐,邵公奭封于燕⑤,为其远王室矣。今燕之罪大而赵怨深,故君不如北兵以德赵,践乱燕⑥,以定身封,此百代之一时也。"

君曰:"所道攻燕⑦,非齐则魏。魏、齐新怨楚,楚君虽欲攻燕,将道何哉?"对曰:"请令魏王可。"君曰:"何如?"对曰:"臣请到魏,而便所以言之⑧。"

乃谓魏王曰:"夫楚亦强大矣,天下无敌,乃且攻燕。"魏王曰:"乡也⑨,子云天下无敌;今也,子云乃且攻燕者,何也?"对曰:"今谓马多力则有矣⑩,若曰胜千钧则不然者,何也?夫千钧非马之任也。今谓楚强大则有矣,若越赵、魏而斗兵于燕,则岂楚之任也哉?非楚之任而楚为之,是敝楚也。敝楚是强魏也,其于王孰便也?"

【注释】

① 虞卿：游说之士，赵孝成王时为赵国上卿，封在虞地，故号为虞卿，著有《虞氏春秋》十五卷。

② 春秋高：指年龄大。

③ 后王：姚本无"王"字，鲍本补"王"字，从鲍本。

④ 秦惠王：应作"秦昭王"，下同。冉子：即穰侯魏冉。鲍本："穰侯也，宣太后弟。"

⑤ 太公望：即吕尚。邵公奭（shì是）：周王支族，封在邵地。

⑥ 燕之罪大：指燕国犯有很大的伐赵之罪。赵怨深：赵国的积怨很深。怨，姚本作"怒"，鲍本作"怨"，从鲍本。北兵：犹言向北进军。践：践踏；一说，践，通"翦"，翦灭。

⑦ 道：名词用如动词，所经过的道路。郭希汾本："道，从也。言所由攻燕之道。"

⑧ 而便所以言之：指顺便向他们说明借道的道理。姚本作"而使所以信之"，帛书作"而便所以言之"，从帛书。

⑨ 乡：向，从前。

⑩ 谓：说。姚本"谓"作"为"，鲍本"为"作"谓"，从鲍本。钧：三十斤。任：犹言承担。哉：姚本作"我"，鲍本作"哉"，从鲍本。是：姚本作"见"，鲍本作"是"，从鲍本。其于王孰便：姚本："曾云，此下恐欠。"

【解读】

虞卿对春申君说:"据我所知,《春秋》里有这样一句话,'平安时要防范危险,危险时要谋求平安'。如今楚王年事已高,您的封地必须要尽早决定。并且最好是要远离楚国。过去公孙鞅被秦孝公册封在商地,孝公一死,他就被新即位的惠文王杀害。秦昭王封魏冉于穰地,昭王死后新王就把他的封地夺回。商鞅是孝公的功臣。冉子是秦宣太后的弟弟,然而两人都没有久享封爵,就是因为封地太近国都的缘故。太公望被封地在齐地,召公奭被封在燕地,之所以能寿终正寝,是因为这两个地方都离周朝首都很远的缘故。如今燕国罪大,赵国仇深,所以您最好挥兵北上施恩赵国,给紊乱的燕国以惨痛的教训,这样一来您的封地就可以定下来,这是千载难逢的良机。"春申君说:"征伐燕国的路线,不是借道齐国就是借道魏国,可是魏、齐两国最近都怨恨楚国,所以楚王即使想要攻打燕国,又会从哪里经过呢?"虞卿回答说:"我可以去请求魏王让楚通过。"春申君说:"该怎么办呢?"虞卿回答说:"请让臣经过魏国时,顺便向他们说明借道的道理。"

于是虞卿就到魏国对魏王说:"楚是一个强国,天下无敌,现在正准备发兵攻燕。"魏王说:"您既说楚国天下无敌,又说它将征伐燕国,岂不是前后互相矛盾吗?"虞卿说:"现在假如说一匹马力量很大确实可能,但是要说这匹马能载运千钧就不可能，为什么呢？这是因为马绝对不能负载千钧的缘故。现在如果说楚国强大并不错，要说发兵越过赵、魏而去攻打燕国，那就不是楚国力量所能办到的。硬让楚做它做不到的事，就等于是削弱楚国。楚国的力量削弱，就会使魏国的力量增强，所以请大王多考虑一下，是借路给楚国好呢，还是不借路给楚国好呢？"

赵策一

知伯从韩魏兵以攻赵

知伯从韩、魏兵以攻赵,围晋阳而水之,城之不沉者三板①。郄疵谓知伯曰②:"韩、魏之君必反矣③。"知伯曰:"何以知之?"郄疵曰:"以其人事知之④。夫从韩、魏之兵而攻赵,赵亡,难必及韩、魏矣⑤。今约胜赵而三分其地⑥。今城不没者三板,臼灶生蛙,人马相食,城降有日,而韩、魏之君无喜志而有忧色,是非反如何也⑦?"明日,知伯以告韩、魏之君曰:"郄疵言君之且反也⑧。"韩、魏之君曰:"夫胜赵而三分其地,城今且将拔矣。夫二家虽愚,不弃美利于前,背信盟之约,而为危难不可成之事,其势可见也⑨。是疵为赵计矣,使君疑二主之心,而解于攻赵也。今君听谗臣之言,而离二主之交,为君惜之。"趋而出。郄疵谓知伯曰:"君又何以疵言告韩、魏之君为?"知伯曰:"子安知之?"对曰:"韩,魏之君视疵端而趋疾。"

郄疵知其言之不听，请使于齐，知伯遣之。韩、魏之君果反矣。

【注释】

① 城之不沉者三板：之：姚本作"下"，鲍本作"之"，从鲍本。沉：淹没。《广雅·释诂》曰："沉，没也。"三板：二丈四尺。板，同"版"，八尺曰版。

② 郄（xì戏）疵：己姓，青阳氏之后，赵国人，智伯谋臣。

③ 韩、魏之君：指韩康子虎，魏桓子驹。按：韩、魏、赵、智伯，此时都是大夫，但实有权力是诸侯，为了便于理解，翻译时均以诸侯称之。

④ 以其人事知之：根据他们的人所做的事情知道是这样的。

⑤ 难（nàn南去）：危难，祸难，此指亡国之祸。

⑥ 约：约定。

⑦ 臼灶生蛙：舂米器和灶坑里都生了蛤蟆，形容城中水之多。臼，舂米的器具。人马相食：犹言围城缺粮人们只得杀战马吃。相，表示一方对另一方的动作之词，不能理解为互相。如，犹而。

⑧ 且：将要。

⑨ 二家：姚本作"三家"，鲍本"三"作"二"，从鲍本。美利：犹言大利。信：诚信。见：显而易见。

【解读】

　　韩、魏的军队与知伯一道进攻赵国。首先水困晋阳，离淹城只有3丈。郄疵对知伯说："韩、魏的君主肯定会背叛我们。"知伯问："何以见得？"郄疵说："从他们的脸色和军事形势上判断就可以知道。韩、魏的军队尾随我们进攻赵国，可以想见如果赵国灭亡，那灾难必然会降到韩、魏头上。虽然贤君跟韩、魏相约灭赵以后就和韩、魏三分赵国领土，可是现在晋阳只差3丈就被淹没，连石臼和炉灶都生了青蛙，饿到了人马相食的地步，可见晋阳指日陷落，然而韩、魏君主不但不喜，反倒忧愁，这就是一种反判的迹象！"次日，知伯就把这话告诉韩、魏两国君主，说："郄疵说两位君主就要背弃盟约。"韩、魏两国君说："灭赵以后我们三国可以三分赵地，而且晋阳马上就要陷落。韩、魏两君虽然愚鲁，也不至于放弃就要到来的利益，甚至背弃盟约去做那种危险的、无望之事，这是不容置疑的。这种形势发展的结局是可以预见的。可能是郄疵在为赵国谋划，以便使贤君怀疑韩、魏两国，进而瓦解三国攻赵的盟约。如今贤君竟听信奸臣的谗言，而离间韩、魏两国的邦交，我们真为贤君感到惋惜。"说完就快步走出去了。郄疵又来对知伯说："贤君为什么要把臣的话告诉韩、魏王呢？"知伯说："你怎么知道我告诉他们了呢？"郄疵说："因为韩、魏两王临走时，使劲用眼睛瞪我一下才快步走开。"

郄疵见知伯不采纳自己的建议,就主动请求知伯派他到齐国去,于是知伯就派他去齐国。不久韩、魏君主果然反叛。

魏文侯借道于赵攻中山

魏文侯借道于赵攻中山。赵侯将不许①。赵利曰②:"过矣。魏攻中山而不能取,则魏必罢,罢则赵重③。魏拔中山,必不能越赵而有中山矣。是用兵者,魏也;而得地者,赵也。君不如许之,许之大劝,彼将知赵利之也,必辍④。君不如借之道,而示之不得已。"

【注释】

① 赵侯:赵烈侯,名籍,公元前408年~前387年在位。

② 赵利:赵氏之族,策士。

③ 罢(pí皮):通"疲",疲劳。重:威重,此犹言强大,占有优势。

④ 许之大劝:即大劝许之的倒装,意为尽力许之,指答应得很痛快。劝,力。郭希汾本:"劝,犹力也。"赵:姚本作"矣",鲍本作"赵",从鲍本。辍(chuò绰):中止,停止。

【解读】

魏文侯要向赵国借道，出兵攻打中山可是赵烈侯不允许。赵利说："君王不答应魏王借路是不对的。魏国去攻打中山，如果不能如愿，那么魏国必然趋于衰弱，到那时赵国自然可以受尊于天下诸侯。假如魏国灭亡了中山，也不能越过赵国而长久占领中山。因此，出兵攻打中山的是魏国，而实际得到中山土地的却是赵国。所以君王不如借路给魏国。但如果马上答应魏国，魏国就会知道是在利用他，因而也就会中止对中山的用兵。所以君王在答应借路给魏国时，要表示出是看在两国友好关系的份儿上才不得不借的姿态。

赵收天下且以伐齐

赵收天下①，且以伐齐。苏秦为齐上书说赵王曰②："臣闻古之贤君，德行非施于海内也，教顺慈爱非布于万民也，祭祀时享非当于鬼神也③。甘露降，风雨时至，农夫登，年谷丰盈，众人喜之，而贤主恶之④。今足下功力非数痛加于秦国，而怨毒积怒非素深于齐也⑤。臣窃外闻大臣及下吏之议，皆言主前专据以秦为爱赵而憎齐⑥。臣窃以事观之，秦岂得爱赵而憎齐哉！欲亡韩吞两周之地，故以齐为饵，先出声于天下，欲邻国闻而观之也⑦。恐其事不成，故出兵以佯示赵、魏⑧。恐天下之惊觉，故微韩以贰之⑨。恐天下疑己，故出质以为信。声德于与国，而实伐郑韩。臣窃观其图之也，议秦之谋计必出于是。

"且夫说士之计皆曰：'韩亡三川，魏灭晋国，市朝未罢而祸及于赵。且物固有势异而患同者，又有势同而患异者。昔者楚人久伐而中山亡。今燕尽齐之北地，距沙丘而至钜鹿之界三百里，距于扞关，至于榆中千五百里。秦尽韩、魏之上党，则地与国都邦属而壤界者七百里。秦以三军强弩坐羊肠之上，即地去邯郸百二十里。且秦以三军攻王之上党而危其北，则句注之西非王之有也。今逾句注、禁常山而守，三百里通于燕之唐、曲逆，此代马、胡驹不东，而昆山之玉不出也，此三宝者，又非王之有也。今从于强秦久伐齐，臣恐其祸出于是矣。昔者，五国之王尝合横而谋伐赵，参分赵国壤地，著之盘盂，属之仇柞。五国之兵出有日矣，齐乃西师以禁秦国，使秦废令素服而听，反温、枳、高平于魏，反三公、什清于赵，此王之明知也。夫齐事赵，宜为上交，今乃以抵罪取伐，臣恐其后事王者之不敢自必也。今王收齐，天下必以王为义⑩。齐抱社稷以事王，天下必重王。然则齐义，王以天下就之；下至齐暴，王以天下禁之，是一世之命制于王已。臣愿大王深与左右群臣详计某言，先事成虑而熟图之也。"

【注释】

① 收：犹言合，此指联合。按：本文文字错讹较多，据帛书第二十一章及《史记·赵世家》进行了校正。

② 秦：鲍本："秦"作"厉"，缪文远本："'秦'，《史记》作'厉'，鲍本亦据《史记》改，非是。赵王，赵惠文王，此在其十四年。"从缪本。

③ 时享：宗庙四时的祭祀，古代帝王及臣民都行时享之礼。

④ 甘露：即甜美的露水，古人迷信，以为天下太平，则天降甘露。时至：按时而至，按时到来。登：成熟，完成，此犹言丰收。丰盈：富足，充足。恶：犹言心神不安。按：贤君认为天下丰足，不是自己给予百姓的，故心神不安。

⑤ 非数（shuò 朔）痛加于秦国：并没有屡次给秦国增加痛苦，犹言没有多次与秦国交战或攻伐。鲍本："谓战伐。"怨毒：极端怨恨。积怒：积久而成的愤怒。非素深于齐：一向没有齐国深。此句姚本作"而怨毒积恶，非曾深凌于韩也"。据帛书、《史记》改为"而怨毒积怒非素深于齐也。"

⑥ 专据：据郭希汾本："专据：犹独断也。"憎齐：此句的"憎齐"与下句的"憎齐"、"以齐"，姚本作"憎韩"、"以韩"，据帛书与《史记》改。

⑦ 先出声于天下：先在天下声言。观之：指观秦国爱赵之

事。鲍注:"观其爱赵。"

⑧ 佯示:指假装给赵国、魏国看。

⑨ 微韩以贰之:犹言微伐韩国来消除诸侯的怀疑。贰,犹言怀疑。郭希汾本:"贰,犹疑也。"

⑩ 以王为义:姚本作"以王为得",帛书及《史记》并作"以王为义",从帛书、《史记》。

【解读】

赵国联合诸侯,准备进攻齐国。苏秦为齐国上书赵王说:"我听说,古代的贤君,虽然他的英明政治措施尚未施行于全国,他的思想教育、仁爱之心尚未遍及百姓,祭神祭鬼的四时供享尚未符合鬼神的要求,可是,风调雨顺,农民年年丰收。这样,人民喜悦,贤主因无德而获福却心情忧惧不安。现在,您对秦国既未出大力,又未建奇功,齐国对您也未深恶痛绝,可是,我听说,群臣在议论,都说大王以前总认为秦国爱怜赵国而怨怪齐国。我根据事实看,秦国怎能怨怪齐国而爱怜赵国呢?只因想消灭韩国,并吞两周之地,所以才拿齐国当诱饵,事先造出舆论,放出空气,使邻国听了都以为秦要伐齐,而对秦国放心,失去警惕。秦国怕他的计谋不能实现,所以假意出兵,做给赵国和魏国看,又怕诸侯警觉,所以向韩国征兵,迷惑天下人的耳目。又怕诸侯疑惑自己,所以派出人质,以取得信任。这样,在舆论上尽力宣扬秦国对盟国如何友好,实际上却暗中要孤立无援的韩国。我看秦国的意图，它的计谋一定是这样。

"再说，一般游说之士，总认为韩国失去了三川，魏国失去了旧都安邑，因此韩国处境还未困窘，赵国就要大祸临头。何况事情的发展总会有情势不同而祸患相同、情势相同而祸患不同的呢？从前，中山国依靠齐、魏，对赵失去警惕，因秦和齐、魏长期进攻楚国，赵国就乘机灭了中山。现在燕国尽得了齐国黄河以南之地，而离沙丘至钜鹿只有300里，离赵国的扞关至榆林只有1500里。秦国尽得了韩、魏的上党，这两地各国接界只有700里。秦国以强大的武装力量坐守羊肠阪道，则距邯郸仅仅120里。而且，秦国又以大军进攻赵国的上党，而危其北，则句注以西将被秦国占据。如果秦国驻守句注，控扼常山，只有300里就通往燕国的唐、曲吾。这样，代地的马、胡地的狗，昆山的美玉将不会为您所有。所以说，如果大王要跟着强秦去进攻齐国。我担心这就是大祸的根源。

"从前，秦、齐、韩、魏、燕五国连横，合谋进攻赵国，三分其国，他们的盟约刻在盘盂上，写在书册中，五国即将出兵，而齐国却背约攻秦，迫使秦国败服而听命于齐；把温、积、高平等地归还给魏国；把径分、先俞两地归还给赵国，这是大王清楚了解的。

"应该说，齐国帮助了赵国，正好与它建立亲密关系。可是，现在赵国却兴师问罪，去讨伐齐国，我担心以后帮助大王的国家就不敢自信，很难预料自己的命运了。如果大王联合齐国，诸侯将认为大王很讲恩义,齐国也将倾心维护大王。这样,诸侯必以大王为重。如果,秦国按道理行事,大王就可以和他联合;如果秦国不讲道理,肆意逞凶,大王可以联合诸侯攻取秦国。这样,天下的命运将控制在大王一人之手。我希望大王与左右大臣周密地重新谋划,事先深谋远虑,认真策划才是。"

赵策二

秦攻赵

秦攻赵，苏子谓秦王曰①："臣闻明王之于其民也，博论而技艺之，是故官无乏事而力不困②；于其言也，多听而时用之，是故事无败业而恶不章③。臣愿王察臣之所谒，而效之于一时之用也④。臣闻怀重宝者，不以夜行；任大功者，不以轻敌。是以贤者任重而行恭，知者功大而辞顺。故民不恶其尊，而世不妒其业。臣闻之：百倍之国者，民不乐后也⑤；功业高世者，人主不再行也⑥；力尽之民，仁者不用也；求得而反静⑦，圣主之制也；功大而息民，用兵之道也。今用兵终身不休，力尽不罢，赵怒必于其己邑，赵仅存哉⑧！然而四输之国也⑨，今虽得邯郸，非国之长利也。意者，地广而不耕，民羸而不休，又严之以刑罚，则虽从而不止矣⑩。语曰：'战胜而国危者，物不断也。功大而权轻者，地不入也。'故过任之事，父不得于子；无已之求，君不得于臣。故微之为著者强，察乎息民之为用者伯，明乎轻之为重者王。"

秦王曰:"寡人案兵息民,则天下必为从,将以逆秦⑪。"

苏子曰:"臣有以知天下之不能为从以逆秦也。臣以田单、如耳为大过也。岂独田单、如耳为大过哉?天下之主亦尽过矣!夫虑收亡齐⑫、罢楚、敝魏与不可知之赵,欲以穷秦折韩⑬,臣以为至愚也。夫齐威、宣,世之贤主也,德博而地广,国富而用民,将武而兵强。宣王用之,后逼韩威魏,以南伐楚,西攻秦,秦为齐兵困于殽函之上,十年攘地,秦人远迹不服⑭,而齐为虚戾。夫齐兵之所以破,韩、魏之所以仅存者,何也?是则伐楚攻秦,而后受其殃也。今富非有齐威、宣之余也,精兵非有逼韩、劲魏之军也,而将非有田单、司马之虑也⑮。收破齐、罢楚、弊魏、不可知之赵,欲以穷秦折韩,臣以为至误。臣以从一不可成也。客有难者,今臣有患于世。夫刑名之家,皆曰'白马非马'也⑯。亡如白马实马,乃使有白马之为也,此臣之所患也⑰。

"昔者秦人下兵攻怀,服其人,三国从之。赵奢、鲍佞将,楚有四人起而从之。临怀而不救,秦人去而不从⑱。不识三国之憎秦而爱怀邪?亡其憎怀而爱秦邪?⑲夫攻而不救,去而不从,是以三国之兵困,而赵奢、鲍佞之能也⑳。故裂地以败于齐。田单将齐之良,以兵横行于中十四年,终身不敢设兵以攻秦折韩也,而驰于封内,不识从之一成恶存也㉑。"

于是秦王解兵不出于境,诸侯休,天下安,二十九年不相攻。

【注释】

① 苏子谓秦王曰：姚本原在苏子后有"为"字，鲍本无，从鲍本。

② 博论：犹言普遍地教导民众。技艺：本领，此用如动词，教给本领。官无乏事：指官吏不会耽误国家大事。乏，耽误。力不困：指民力不困乏。

③ 章：同"彰"，显露。

④ 谒：说明，陈述，此指陈述的意见或主张。效：实现。

⑤ 百倍之国：指土地广大的国家。鲍本："谓地广也。"民不乐后：犹言民众争先归附。鲍本："争先附之。"一说，民众不喜欢以后再发生战争。吴正曰："地既广矣，民不乐其后之复有事也。"可供参考。

⑥ 高世：犹言盖世。行：犹言使用。

⑦ 求得而反静：犹言想要得到反而不去硬求。

⑧ 赵怒必于其已邑：犹言激怒赵国，一定战服，使它成为秦国的一个邑。赵仅存哉：指赵国的领土就会所存无几。鲍本："言所存无几。"

⑨ 四输之国：四面输泻通达的国家。

⑩ 羸（léi雷）：疲弱。从而不止：犹言服从而不能久居。止，留止，此指长久居住。

⑪ 逆秦：迎秦，此指对付秦国。如耳：姓如名耳，魏国

大夫。

⑫ 亡齐：指齐国曾被燕国灭亡而言。

⑬ 不可知之赵：犹言存亡不可知的赵国。折韩：折服韩国。

⑭ 远迹不服：畏惧远避而不服。鲍本："远迹，畏而避之也，然终不服。"

⑮ 司马：指司马穰苴。

⑯ 白马非马：白马不是马。公孙龙有《白马》一篇，其言曰："白马非马，可乎？曰：可。曰：何哉？曰：马者，所以命形也；白者，所以命色也。命色者非命形也。故曰：白马非马。"

⑰ 亡如：不如。姚本"亡"作"已"，金正炜本认为"已"当作"亡"，金说是，从金说。使有白马之为：假如有白马非马之说。为，谓。此句意指合纵本来不能成功，而主张合纵的人却都说能成功，就如"白马非马"一样。

⑱ 下兵：犹言发兵。怀：魏国城邑，在今河南武陟县西南。三国：指赵国、齐国、楚国。从：迫击，迫近攻打。鲍佞：又作"鲍接"，齐国将领，身世不详。

⑲ 识：知道。亡其：转语词，犹言还是。姚本作"忘其"，鲍本作"亡其"，从鲍本。

⑳ 是以三国之兵困：因此三国的军队处于困境；一说，此句后似有缺文，可供参考。而赵奢、鲍佞之能也：可是却认为赵

奢、鲍佞是有才能的。鲍本:"以不救不从为能,知秦之不可当也。"一说,怀疑"之"字下脱"无"字,作"无能也",可供参考。

㉑ 故裂地以败于齐:犹言从前五国联合起来打败齐国,瓜分它的土地。此句当指五国伐齐之事。意思是说合纵之策不能成功。以兵横行于中:犹言率兵在国内横行而不出战。鲍本:"言不出战,所谓横行于中。"从之一成恶在:合纵为一成功的希望哪里会存在。之,助词,无实义。二十九年不相攻,此说与史实不符,虽是辩士增饰之辞,但也恐怕文字有误。

【解读】

秦国进攻赵国,苏秦为赵国对秦王说:"我听说,英明的国君对于他的人民,广泛地选拔,然后根据不同的技术和能力任用他们,因此百官各尽其能,有用不完的才干。对他们的意见,多多听取,善于采用,因此,国家进行各种事业就不会失败,错误也不会明显。我希望大王审察我所说的,并在实践过程中加以验证。我听说,怀着珍宝的人不能在晚上行路,有大功劳的人不能对敌人掉以轻心。因此,贤能的人担负的工作愈重,他就愈加恭谨,聪明的人功劳愈大,他就愈加谦逊。所以,人们不会憎恶他们尊贵的地位,世人也不会忌妒他们的功业。我听说,百倍于别国的大国,人民不再想有战争困扰;建立卓越功业的国家,国君就不想再劳烦百姓;人们已经精疲力竭,真正仁爱的国君是不愿再去动员他们的；要想有所要求而要达到目的，反而要不去困扰百姓，这是圣贤的国君采取的办法；战功很大，要使人民得以休息，这是用兵应该遵守的原则。现在用兵，使人民终身不得休息，精疲力竭，还不休止。秦国恼怒赵国，它一定会把赵国当做秦国国土的一部分，这样，赵国就所存无几了。然而，赵国四通八达，现在秦国即使占领了赵都邯郸，而自己兵困力尽，四方来攻，也不是秦国长久之利。或者，秦国占领了赵国，由于四方来攻，土地虽广，但不能耕种；人民疲困而不得休息，再加上用严刑峻法对待他们，虽然以力压服了他们，终究是待不住的。常言说：'打了胜仗，可是国家仍然处境危险，这是因为战争不止的缘故；建立了卓越的功业，可是国家的统治权力仍然很小，这是因为虽然得到了大片土地，但人民不服，实际上土地还是没有真正为自己所有。'所以推行错误措施，父亲也不能要求于自己的儿子；提出没有止境的要求，国君也不能要求于自己的大臣。所以，知道由微弱不断地发展而至昭著的，可以使国家强盛；懂得使人民休息，善用民力，不致疲竭的，可以称霸于诸侯；明白了积微弱而至于举足轻重这个道理的，可以称王于天下。"

秦王说："我停止出兵，使民休息，诸侯就一定会搞合纵联盟，来对抗秦国。"

苏秦说："我可以断定，诸侯不可能组成合纵联盟来对抗秦国。我认为田单、如耳他们是大错特错了。岂只田单、如耳大错特错了呢，天下的诸侯也都大错特错。大抵，去联合破败的齐、楚、魏三国,和那个存亡未可知的赵国,却想去困厄秦国,挫败韩国的,我认为这是最愚蠢的做法。齐威王和宣王是当时诸侯中贤明的国君,德行广博,土地广阔,国家殷富,人民听命,将领勇武,士兵强悍。宣王凭借着这些条件而后进逼韩国,威胁魏国,南面伐楚,西面攻秦,秦军被齐军困在殽塞以西,十年来齐国开拓疆土,秦人退避,但心里不服,以致齐国终成废墟,人民惨遭屠杀。齐军之所以惨遭失败,而韩、魏却能保存,这是什么原因呢?是因为讨伐楚国,进攻秦国,而后遭到他们祸害的缘故。现在诸侯没有威王、宣王时那样富饶,论兵器,也没有当初能够进逼韩国、威胁魏国时那样的武器库,而将领又没有田单、司马穰苴那样的谋略。去联合破败的齐、楚、魏三国,和那个存亡未可知的赵国,却想去困厄秦国,挫败韩国。我认为这是极端错误的,所以,我认为合纵联盟是不可能组成的。""从前秦国出兵进攻魏国的怀地,打败魏军。赵、齐、楚三国要去援救怀地,赵将赵奢、齐将鲍佞,加上楚国有四人也领兵前来援救。当大军接近怀地时,却不去援救;当秦军撤退时,又不去追击。不知这三国是憎恨秦国,怜惜怀地呢?还是憎恨怀地,怜惜秦国呢?秦军进攻却不去援救,秦军撤退又不去追击,这是因为三国之兵疲劳困窘了,而赵奢、鲍佞也无能为力啊!所以他们才答应割地献给秦国。田单是齐国的良将,领兵称雄于国内二十四年,然而终生不敢出兵进攻齐国,挫败韩国,他只不过称雄于国内。这样,我不知合纵联盟又怎么能够组成。"

听了苏秦这番话，于是秦王松懈了战备，不出国境，诸侯因此得以休息，天下得以太平，29年以来诸侯不曾互相攻打。

张仪为秦连横说赵王

张仪为秦连横，说赵王曰："弊邑秦王使臣敢献书于大王御史①。大王收率天下以傧秦②，秦兵不敢出函谷关十五年矣。大王之威，行于天下山东③。弊邑恐惧慑伏，缮甲厉兵，饰车骑，习驰射，力田积粟，守四封之内，愁居慑处，不敢动摇，唯大王有意督过之也④。今秦以大王之力，西举巴蜀，并汉中，东收两周而西迁九鼎，守白马之津⑤。秦虽辟远，然而心忿悁含怒之日久矣⑥。今寡君有敝甲钝兵，军于渑池，愿渡河逾漳，据番吾⑦，迎战邯郸之下。愿以甲子之日合战，以正殷纣之事⑧。敬使臣先以闻于左右。

"凡大王之所信以为从者，恃苏秦之计。荧惑诸侯，以是为非，以非为是，欲反复齐国而不能，自令车裂于齐之市⑨。夫天下之不可一亦明矣。今楚与秦为昆弟之国，而韩、魏称为东蕃之臣⑩，齐献鱼盐之地，此断赵之右臂也。夫断右臂而求与人斗，失其党而孤居，求欲无危，岂可得哉？今秦发三将军，一军塞午道⑪,告齐使兴师度清河,军于邯郸之东;一军军于成皋,驱韩、魏而军于河外⑫;一军军于渑池。约曰:'四国为一以攻赵,破赵而四分其地。'是故不敢匿意隐情,先以闻于左右。臣窃为大王计⑬,莫如与秦遇于渑池,面相见而身相结也。臣请案兵无攻,愿大王之定计。"

赵王曰:"先王之时,奉阳君相,专权擅势,蔽晦先王,独制官事⑭。寡人宫居,属于师傅,不能与国谋。先王弃群臣,寡人年少,奉祠祭之日浅,私心固窃疑焉⑮。以为一从不事秦,非国之长利也。乃且愿变心易虑,剖地谢前过以事秦。方将约车趋行,而适闻使者之明诏⑯。"于是乃以车三百乘入朝渑池,割河间以事秦。

【注释】

① 秦王:指秦惠王。御史:秦以前为史官,此句说献书于大王御史,实际是献书于赵王的委婉言辞。鲍本:"周宗伯属官,秦因之,而赵亦有。言此者,不斥王也。"

② 收率:联合率领。傧(bìn宾去):通"摈",摈弃,排斥。

③ 行于天下山东:传布在天下和山东六国。一本无"山东",《史记》有"山东",无"天下"二字。一本与《史记》说可供参考。

④ 慴伏:亦作"慴服",因畏惧而屈服。慴,恐惧,害

怕。饰：治，有整备之意。不敢动摇：犹言不敢有所动作。督过：深责其过。

⑤ 白马之津：即白马津，黄河渡口，在今河南滑县北。

⑥ 辟远：偏僻遥远。辟，同"僻"。忿悁（juàn倦）：怨怒，愤恨。

⑦ 寡：姚本作"宣"，鲍本作"寡"，从鲍本。敝：姚本作"微"，鲍本作"敝"，从鲍本。渑（miǎn免）池：邑名，战国时郑地，后入韩，又入秦，在今河南渑池县西。番（pó婆）吾：番，亦作播或鄱，赵国地名，在今河北磁县。

⑧ 甲子日合战，以正殷纣之事：《尚书·牧誓》言周武王伐殷，以甲子日战于牧野，灭殷，杀殷纣王。此处张仪引此语之意是威胁赵国，意思是秦王要像周武王灭纣一样灭亡赵国。

⑨ 荧惑：亦作"营惑"，犹言迷惑，炫惑。反复：翻复，犹言推翻。自令：自己使自己。车裂于齐之市：见《楚策一·张仪为秦破从连横》注。

⑩ 东蕃之臣：东方护卫的臣服之国。按：此说与史实不符。

⑪ 午道：地名，今地不详。郭希汾本："午道，地名，在赵东齐西。"

⑫ 河外：即黄河之南。郭希汾本："河外，对河内而言，凡河之南皆曰河外，此似指今河南滑县。"

⑬ 窃：姚本作"切"，鲍本作"窃"，从鲍本。

⑭ 蔽晦：遮蔽隐藏，犹言蒙蔽。独制：独断控制。

⑮ 私心固窃疑焉：对合纵本来私下心里就怀疑。焉，兼词。

⑯ 一从：联合合纵。一，指六国联合。趣（cù促）：同"趣（cù促）"，催促，急促。诏：告诉。

【解读】

张仪为秦国组织连横阵线，去游说赵王，说："敝国秦王特派我冒昧地给大王献上国书。大王统帅诸侯，对抗秦国，秦军不敢向东出击函谷关外，已经15年了。大王威震诸侯，秦国恐惧而顺服，他们修缮武器装备，整顿战车战马，操练骑射，加紧耕作，聚积粮食，坚守国内，居处不安，不敢轻举妄动。只想着大王有意责备他的过错。现在，秦国得大王之力，西面攻下巴、蜀、兼并汉中；东面收纳西周，据有国宝九鼎，扼守白马要津。秦国虽然地处僻远，但是久已心怀愤怒。现在敝国秦王只有破铠甲、钝兵器，驻扎在渑池，要渡过黄河，越过漳河，据守番吾，希望于甲子之日与赵军会战于邯郸城下，仿效武王伐纣的故事办理。秦王特将此事敬告大王陛下。

"如今，大王听信合纵政策的道理，不过靠的是苏秦的计谋。苏秦惑乱诸侯，以是为非，以非为是，阴谋颠覆齐国，未能得逞，自己白白地被车裂于齐国集市上。诸侯之不可能结成联盟，已是显而易见的。现在，楚国与秦国结为兄弟友邦，而韩、魏两国臣服于秦,成为秦国东面的属国,齐国也贡献鱼、盐之地,这是断了赵国的右臂。砍断了右臂,还想要与人相斗;失去盟国,孤立无援,要想没有危险,这怎么可能呢?现在秦国派出三路大军:一路把守午道,通知齐国,使其派出大军,渡过清河,驻扎在邯郸以东;一路驻扎在成皋,驱使韩、魏两国驻军于河外;一路驻军于渑池。四国订立盟约。称:'四国一致,进攻赵国,灭赵而四分其地。'因此我内心不敢隐瞒,事先通知大王陛下。我私下为大王考虑,不如和秦王会晤于渑池,当面交换意见,亲自决定问题。我请求秦王停兵不进攻赵国,希望大王裁决。"

赵王说:"先王当时,奉阳君为相,专断国政,蒙蔽先王,独断专行,我在深宫,听从师傅,不能参与国政。先王去世后,我尚年轻,执政为时不久,内心有疑虑,以为诸侯合纵而不亲秦,不是国家的长远利益。这才打算重新考虑,另定政策,割地赔礼,与秦国友好。正当要派车出发,适逢贵宾到来,使我能够领受明教。"于是他就派车300辆,到渑池去朝见秦王,割让河间之地,献给秦王。

赵燕后胡服

赵燕后胡服，王令让之曰①："事主之行，竭意尽力，微谏而不哗，应对而不怨，不逆上以自伐②，不立私以为名。子道顺而不拂③，臣行让而不争。子用私道者家必乱，臣用私义者国必危。反亲以为行，慈父不子；逆主以自成，惠主不臣也④。寡人胡服，子独弗服，逆主罪莫大焉。以从政为累⑤，以逆主为高，行私莫大焉。故寡人恐亲犯刑戮之罪，以明有司之法。"赵燕再拜稽首曰："前吏命胡服，施及贱臣，臣以失令过期，更不用侵辱教⑥，王之惠也。臣敬循衣服，以待令日⑦。"

【注释】

① 赵燕：赵国大臣。让：责备。

② 微谏：用含义深远的言辞纳谏。哗：喧哗。逆上：指违背君王的意愿。自伐：自我夸耀功绩。

③ 道顺：顺道，犹言遵循教导。拂：违反，违背。

④ 惠主：犹言慈主。惠，犹慈。

⑤ 以从政为累：犹言把改穿胡服的政事作为负担。政，指胡服之政。

⑥ 失令过期：指违反穿胡服的命令超过限期。更：改。侵辱：指刑罚。

⑦令日：下命令的日子。姚本作"今日"，鲍本作"令日"，从鲍本。

【解读】

赵国的宗族赵燕不及时穿上胡服，赵王派人去责备他，说："为国君效劳，应尽心竭力，委婉规劝，而不宣扬；受到国君的怒斥而不怨恨，不违背国君的意志以居功自傲，不据私利以建立个人威信。做儿子的应该孝顺，而不违背父母的意愿，做人臣的应该谦让，而不与国君相争。做儿子的一心为私，家庭必遭破败；做人臣的一心为私，国家必遭危险。违背父母而胡作乱为，慈爱的父亲也不会把他当做自己的儿子；违背国君另搞一套，仁惠的国君也不会把他当做自己的臣下。我穿胡服，你偏偏不穿，这是违背国君，罪大莫过于此。以实行胡服为累赘，以违背国君为高行，私心之大莫过于此。所以，我担心你要触犯刑法而杀身，以正国法。"赵燕再拜叩头，说："前已有令要穿胡服，而且命令已下达给我。我因没有执行命令，误了期，却没有惩罚我，辱蒙赐教，这是大王对我的宽惠。我要立即准备胡服，敬承尊命。"

赵策三

赵惠文王三十年

赵惠文王三十年，相都平君田单问赵奢曰①："吾非不说将军之兵法也，所以不服者，独将军之用众②。用众者，使民不得耕作，粮食挽赁不可给也③。此坐而自破之道也④，非单之所为也。单闻之，帝王之兵，所用者不过三万，而天下服矣。今将军必负十万、二十万之众乃用之⑤，此单之所不服也。"

马服⑥曰："君非徒不达于兵也，又不明其时势⑦。夫吴干之剑，肉试则断牛马，金试则截盘⑧；薄之柱上而击之，则折为三，质之石上而击之⑨，则碎为百。今以三万之众而应强国之兵⑩，是薄柱击石之类也。且夫吴干之剑材难⑪，夫毋脊之厚，而锋不入；无脾之薄，而刃不断⑫。兼有是两者，无钩镡蒙须之便，操其刃而刺，则未入而手断。君无十余、二十万之众，为此钩镡蒙须之便⑬，而徒以三万行于天下，君焉能乎？且古者，四海之内，分为万国。城虽大，无过三百丈者；人虽众，无过三千家者。而以集兵三万，距此奚难哉！今取古之为万国者，分以为战国七，能具数十万之兵，旷日持久，数岁，即君之齐已。齐以二十万之众攻荆，五年乃罢。赵以二十万之众攻中山，五年乃归。今者，齐、韩相方，两国围攻焉，岂有敢曰，我其以三万救是者乎哉⑭？今千丈之城，万家之邑相望也，而索以三万之众，围千丈之城，不存其一角，而野战不足用也，君将以此何之？"都平君喟然太息曰："单不至也！"

【注释】

① 赵惠文王三十年：即公元前269年。按：根据史实，此年田单尚未入赵为相，田单与赵奢论兵应该在赵孝成王二年。此误。都平君：即安平君，田单封号。田单：原为齐国将领，曾大破燕军，复兴齐国，封安平君。公元前265年（赵孝成王元年），赵国割地求田单为将，次年为赵国相国。赵奢：赵国名将。

② 说：同"悦"。用众：使用大量兵员作战。

③ 挽：拉车，此指运输。赁（rèn 纫）：通"任"，承担，担负。给（jǐ己）：供应。

④ 自破之道：不攻自破的方法。

⑤ 负：倚待，依靠。

⑥ 马服：即马服君，赵奢的封号。

⑦ 徒：只。不达于兵：不通晓用兵之道。不明其时势：不

明白时代的形势。鲍本："时势，则万国、七国之异。"

⑧吴干之剑：吴国、干国的利剑；吴国、干国所制的剑十分锋利，著称于世。干，同"邗"，古国名，后为吴邑（在今江苏扬州市）；一说，吴干之剑：即吴国干将之剑。可供参考。肉试：以肉试之，犹言用剑砍肉。匜（yí移），是古代用青铜制作的两种盥（guàn灌）洗器，用倒水，以盘承之。

⑨薄：靠近，迫近。质之石上：用石礅子垫着。质，同"锧"，古代腰斩用的垫座。

⑩应：对，对付。

⑪剑材：制剑的材料。难：难以得到。难，姚本在"难"字上断句，金正炜本在"难"字下断句，从金本。脊：脊背，剑两面有刃，中间隆起的部分是脊。锋：剑锋。

⑫脾：近刃的剑面。鲍本："脾，近刃处。"刃不断；指剑刃不能断物。

⑬镡（xín心阳，又读tán潭）：剑鼻，剑口也称镡。蒙须：剑绳。

⑭相方：相比，犹言互相为敌。两：姚本作"而"，鲍本作"两"。从鲍本。

【解读】

赵惠文王三十年，齐相安平君田单问赵奢说："我并不是不喜欢将军的兵法，我所不佩服的，就是将军用兵太多。用兵太多，耕种的人就会少，粮食运输也就供不上。这是坐以待毙的办法，我不采用这样的办法。我听说：帝王用兵不过3万，天下就能归服。现在将军一定要有10万、20万才去指挥，这就是我所不佩服的地方。"马服君赵奢说："您不仅不了解用兵之法，而且也不明了军事形势。吴国的干将宝剑，试肉可以砍断牛、马，试金可以斩断盘。如果靠近柱子用力击柱，宝剑就折为三段，如果往石上猛击，宝剑就碎为百片。现在拿3万兵力去对付强国的军队，这就类似'击柱'、'击石'那样。况且，很难有像吴国干将这样好的宝剑。如果剑脊薄，则剑刃易卷；剑近刃处厚，则剑刃不可断物。如果兼有剑脊厚、剑近刃处薄两个特点，但剑头上没有剑环、剑柄、剑珥的便利，那只好握着剑刃去刺杀。这样，还没有刺别人，握剑的手已经被割断。您如果没有10万、20万的军队，即使有剑环、剑柄、剑珥的便利，只用3万人，就想在天下逞威，这怎么可能呢？而且，古代天下分为万国，都城虽大，周围也没超过300丈的；人虽多，也没有超过3000家的。如果训练有素的3万军队去对付这些国家，还有什么困难呢？现在，古代的万国已经分为战国七雄，如果都有几十万的兵力，这样打起仗来，若以3万军队去对付，旷日持久，经过几年，恐怕您也会遭到当年燕昭王攻入齐都临淄那样的结局吧。从前齐国拿20万的兵力进攻楚国，经过5年才结束战争；赵国拿20万兵力进攻中山国，经过5年才胜利返回。现在齐、韩两国势均力敌，两国进攻，怎么会有谁敢说'我用3万兵力去救援他们'呢？现在，千丈的高城，万家的大邑，互相守望，而要求拿3万的兵力去包围千丈之城，那只能围住城的一角，进行野战就不够用了，您还想用这点兵干什么呢？"安平君田单长叹一声说："我的见解不如您啊？"

齐破燕赵欲存之

齐破燕，赵欲存之。乐毅谓赵王曰："今无约而攻齐①，齐必仇赵。不如请以河东易燕地于齐②。赵有河北，齐有河东，燕、赵必不争矣。是二国亲也。以河东之地强齐，以燕以赵辅之，天下憎之，必皆事王以伐齐。是因天下以破齐也③。"王曰："善。"乃以河东易齐，楚、魏憎之，令淖滑、惠施之赵④，请伐齐而存燕。

【注释】

① 无约：没有约结盟国。

② 以河东易燕地于齐：用河东向齐国换取燕国被占领的土地。燕国被占领的土地指下文中的河北之地。河东，今河北清河县一带，靠近齐国。河北，今河北密县一带，靠近赵国。

③ 以：犹与。

④ 淖（zhuō卓）滑：楚国大臣。惠施：魏国相国。

【解读】

齐国大败燕国，赵国想帮助燕国救亡图存，乐毅对赵王说："现在您没有同盟国，就单独进攻齐国，齐国必定与赵国为敌。您不如要求拿赵国的河东之地交换齐国从燕国得来的河北之地。赵国有河北之地，齐国有河东之地，燕国与赵国就一定不会争夺河北之地，这是因为齐、赵两国友好。用河东之地增强齐国，又以燕、赵两国辅助它，诸侯就会痛恨齐国，都会倒向您，去共同讨伐齐国。这样正是借诸侯之力来击败齐国啊！"赵王说："好。"于是拿河东之地与齐国交换河北之地。

楚、魏两国恨透了齐国。楚国派淖滑，魏国派惠施，都到赵国去，要求共同进攻齐国，帮助燕国救亡图存。

平原君谓平阳君

平原君谓平阳君曰①："公子牟游于秦，且东②，而辞应侯。应侯曰：'公子将行矣，独无以教之乎？'曰：'且微君之命命之也③，臣固且有效于君。夫贵不与富期，而富至④；富不与粱肉期，而粱肉至；粱肉不与骄奢期，而骄奢至；骄奢不与死亡期，而死亡至。累世以前，坐此者多矣⑤。'应侯曰：'公子之所以教之者厚矣。'仆得闻此⑥，不忘于心，愿君之亦勿忘也。"平阳君曰："敬诺。"

【注释】

① 平阳君：赵惠文王的母弟赵豹，封为平阳君。

② 公子牟：即魏公子牟，因封于中山，又称中山公子牟。且东：将要东归魏国，即将要向东回到魏国去。鲍本："东归魏。"

③ 且微君之命命之：假如没有您的命令命令我。且：且如，犹言如果。

④ 期：约会，期望。

⑤ 坐：指定罪，此犹言犯。

⑥ 仆：自谦之辞。

【解读】

平原君赵胜对弟弟平阳君赵豹说："魏公子牟游历秦国，当他准备返国向秦相应侯范雎辞行时，范雎对他说：'公子就要回国，不知是否有什么指教？'魏牟回答说：'即使阁下不问我，我也要进一点忠言。富人即使不希望财富，财富也会到来，富人即使不希望美味，美味也会到来；有了美味即使不想骄奢，骄奢也会到来，有了骄奢，即使不想死亡，死亡也会到来。世世代代身遭这种惨祸的不计其数。'范雎说：'公子对我的指教实在太中肯了。'我听了这番话，一直记在心里不忘，希望你也不要忘！"平阳君说："我绝对牢记在心。"

秦赵战于长平

秦、赵战于长平，赵不胜，亡一都尉①。赵王召楼昌与虞卿曰②："军战不胜，尉复死，寡人使卷甲而趋之③，何如？"楼昌曰："无益也，不如发重使而为媾。"虞卿曰："夫言媾者，以为不媾者军必破，而制媾者在秦。且王之论秦也，欲破王之军乎？其不邪④？"王曰："秦不遗余力矣，必且破赵军。"虞卿曰："王聊听臣，发使出重宝以附楚、魏⑤。楚、魏欲得王之重宝，必入吾使。赵使入楚、魏，秦必疑天下合从也，且必恐。如此，则媾乃可为也。"赵王不听，与平阳君为媾，发郑朱入秦⑥，秦内之。赵王召虞卿曰："寡人使平阳君媾秦，秦已内郑朱矣，子以为奚如⑦？"虞卿曰："王必不得媾，军必破矣，天下之贺战者皆在秦矣。郑朱，赵之贵人也，而入于秦。秦王与应侯必显重以示天下⑧。楚、魏以赵为媾，必不救王。秦知天下不救王，则媾不可得成也。"赵卒不得媾，军果大败。王入秦，秦留赵王而后许之媾⑨。

【注释】

① 都尉：军队中的中级军官，统领一部。

② 赵王：即赵孝成王。楼昌：赵国大臣。

③ 卷甲而趋之：所有的甲兵袭击秦国的军队。趋，袭击。姚本作"趍"，鲍本作"趋"。从鲍本。

④ 其不邪：还是不是这样。不，即"否"。

⑤ 附：依附，归附。

⑥ 与：以，用。郑朱：赵国地位尊贵的人。

⑦ 奚如：怎么样。

⑧ 秦王：指秦昭王。

⑨ 留：扣留。

【解读】

秦、赵两国在长平交战，赵军战败，损失一名都尉。赵孝成王召见楼昌和虞卿说："我军作战节节失利，而且又损失了一名都尉，因此寡人想要派轻装军去偷袭秦军，不知两位意见如何？"楼昌回答说："这样做没什么用处，不如派使节和秦讲和。"虞卿说:"那些主张讲和的人,认为不讲和我军就会败北,就好像讲和的主动权在秦王手中似的。大王估计是秦兵战败赵军呢?还是赵军战败秦军呢?"赵孝成王说:"秦兵倾巢而出,这次必然会击败我赵军。"虞卿说:"恳请君王暂时接受臣的意见,派使臣携带重宝去和楚、魏结盟;楚、魏为了获得君王的珍宝,必然愿意建交。赵国使臣一旦到了楚、魏,秦国必然怀疑天下诸侯合纵,而且一定会害怕,这样跟秦国的和谈才能顺利进行。"

赵孝成王不肯采纳虞卿的意见,就派平阳君赵豹去议和,并派郑朱前往秦国交涉。当秦国准许郑朱入境以后,赵孝成王才召见虞卿说:"寡人派平阳君负责跟秦国议和,秦国已经接受和使郑朱入境,不知贤卿认为如何?"虞卿说:"君王的和议必然无法达成,而赵军必然会被秦军击败,天下诸侯的贺胜使者就将集中在秦国。郑朱是赵国的贵人,如今竟派他到秦国议和,秦王跟秦相应侯范雎必然特别热情款待他,以便向天下诸侯夸耀。而楚、魏认为赵、秦已经讲和,必然不再派兵来救赵。秦国知道天下诸侯不救赵,那么和议就不会达成。"秦、赵的议和果然不成,而且赵军也果然被秦军打得大败。于是赵孝成王亲自入秦朝贡,秦扣留赵孝成王以后才达成和议。

赵策四

为齐献书赵王

为齐献书赵王,曰①:"臣一见,而能令王坐而天下致名宝。而臣窃怪王之不试见臣,而穷臣也②。群臣必多以臣为不能者,故王重见臣也。以臣为不能者非他,欲用王之兵,成其私者也③。非然,则交有所偏者④;非然,则知不足者也;非然,则欲以天下之重恐王,而取行于王者⑤也。臣以齐循事⑥王,王能亡燕,能亡韩、魏,能攻秦,能孤秦。臣以齐致尊名于王⑦,天下孰敢不致尊名于王?臣以齐致地于王,天下孰敢不致地于王?臣以齐为王求名于燕及韩、魏,孰敢辞之?臣之能也,其前可见已⑧。齐先重王,故天下尽重王;无齐,天下必尽轻王也。秦之强,以无齐之故重王,燕、魏自以无齐故重王。今王无齐独安得重天下?故劝王无齐者,非知不足也,则不忠者也。非然,则欲用王之兵成其私者也;非然,则欲轻王以天下之重,取行于王者也;非然,则位尊而能卑者也。愿王之熟虑无齐之利害也。"

【注释】

① 赵王：此指赵惠文王。姚本"为齐献书赵王"下有"使臣与复丑"五字。曾本、鲍本无此五字，从曾本、鲍本，此五字为衍文，删掉。

② 穷臣：困臣，犹言使臣下处于窘迫境地，不得召见。鲍本："穷，犹困也。困于不得见。"

③ 重：难。非他：没有别的原因。成其私：成就他私人的意愿。

④ 交有所偏：犹言结交外国有偏颇之心。鲍本："言卖赵，与诸国为私。"

⑤ 取行于王：犹言使王相信推行他的学说。

⑥ 循事：顺从事奉。

⑦ 臣以：姚本作"臣以为"，鲍本："衍'为'字。"从鲍本。

⑧ 其前可见已：犹言大概目前就可以显现出来。其，大概。前，目前，当前。见，显现。

【解读】

有人为齐国上书赵王，说："只要我一见到大王，就能使您坐等诸侯献上尊名，给您实惠。可见，我很奇怪，大王为什么就不接见我，却困阻我，使我不能见到您。这样，大臣们一定多认为我是个无能之辈，您才不愿见我。大臣们以为我无能，这没有别的原因，因为他们想利用您的军队去成就他们的私利；不然，就是在外交上有所偏爱；不然，他们就是一些缺乏才智的人；不然，就是他们想借重诸侯之力来威胁大王，让您按照他们的主张去行事。我能让齐国顺从大王，大王便能够灭掉燕国，能够灭掉韩国、魏国，能够进攻秦国，能够孤立秦国。我如果让齐国献给大王尊名，诸侯谁敢不献给大王尊名呢？我让齐国割地给大王，诸侯又谁敢不割地给大王呢？我让齐国为大王使燕、韩、魏三国献给大王尊名，他们又谁敢推辞呢？我的能力，就在于能预知未来。齐国如果首先尊重大王，则诸侯都会尊重大王；如果没有齐国尊重大王，那么诸侯必定都会看轻大王。秦国强大，是因为它和齐国没有关系，所以才尊重大王；燕、韩、魏三国，自认为和齐国没有关系，所以才尊重大王。如果大王没有齐国的关系，又怎么会受到诸侯的尊重呢？所以那些奉劝大王不联合齐国的人，若不是缺乏才智的人，就是不尊重大王的人；不然，就是想利用大王的军队去成就他们的私利；不然，就是借重诸侯之力来威胁大王，让大王按照他们的意见去行事；不然，那他们都是些地位尊贵而才能低劣的人。希望大王深思熟虑，衡量一下失去齐国的利害得失。"

赵使姚贾约韩魏

赵使姚贾约韩、魏,韩、魏以而反之①。举茅为姚贾谓赵王曰②:"贾也,王之忠臣也。韩、魏欲得之,故反之,将使王逐之,而己因受之。今王逐之,是韩、魏之欲得,而王之忠臣有罪也。故王不如勿逐,以明王之贤,而折韩、魏之招③。"

【注释】

① 姚贾:见《秦策五·四国为一》注。以:通"已"。缪文远本认为:以下脱"而"字。缪说是,从缪本。反:背叛。姚本、鲍本皆作"友",刘本作"反"。刘本是,从刘本。下文中的"反"亦同。

② 举茅:举姓,茅名。其身世不详。

③ 之招:姚本作"招之",姚引曾本作"之招",从曾本。招,指招收姚贾。

【解读】

赵国派姚贾与韩、魏两国结盟。韩、魏对他很友好。举茅为姚贾对赵王说:"姚贾是大王的忠臣,韩、魏两国都想争取他,所以待他很友好,他们想让大王猜疑他,把他赶走,这样,他们的愿望就可以实现了。如果大王把他赶走,这就正中了他们的计谋，而大王却让忠臣背上了罪名。所以大王不如不要赶走姚贾，借以表明大王的贤能，同时也挫败了韩、魏两国争取姚贾的阴谋。"

秦使王翦攻赵

秦使王翦攻赵，赵使李牧、司马尚御之①。李牧数破走秦军，杀秦将桓齿奇②。王翦恶之。乃多与赵王宠臣郭开等金③，使为反间，曰："李牧、司马尚欲与秦反赵，以多取封于秦。"赵王疑之，使赵葱及颜最代将④，斩李牧，废司马尚。后三月，王翦因急击，杀赵葱⑤，虏赵王迁及其将颜最，遂灭赵。

【注释】

① 王翦：秦国大将。李牧、司马尚：赵国大将。

② 桓齿奇（yǐ乙）：秦国将领。

③ 郭开：赵王宠臣。

④ 赵葱：赵国将领。葱，姚本作""，鲍本作"葱"，从鲍本。颜最：本是齐国将领，后到赵国为将。

⑤ 赵葱：姚本作"赵军"，《史记》作"赵葱"。从

《史记》。

【解读】

秦国派大将王翦进攻赵国，赵国派了李牧、司马尚来抵抗。李牧几次打败秦军，杀死了秦将桓齮奇。王翦为此担忧，于是，给赵王宠臣郭开等人很多钱，让他们搞反间，扬言："李牧、司马尚准备勾结秦国反对赵国，好在秦国取得更多的封地。"赵王怀疑他们，便派赵和颜聚取代了李牧、司马尚为将，杀了李牧，罢了司马尚的官。过了三月，王翦乘机紧急进攻，大破赵军，杀了赵，俘虏了赵王迁及大将颜聚，于是灭了赵国。

魏策一

乐羊为魏将而攻中山

乐羊为魏将而攻中山①,其子在中山,中山之君烹其子而遗之羹,乐羊坐于幕下而啜之②,尽一杯。文侯谓睹师赞曰③:"乐羊以我之故,食其子之肉。"赞对曰:"其子之肉尚食之,其谁不食!"乐羊既罢中山④,文侯赏其功而疑其心。

【注释】

① 乐羊:宋国乐喜的后代子孙。梁玉绳《汉书人表考》:"乐羊,宋乐喜裔孙。"

② 啜(chuò绰):喝。鲍本:"啜,饮也。"

③ 睹师赞:睹师为复姓,名赞,魏国人。而《韩子·说林上》及《春秋后语》"睹"作"堵"。黄丕烈按:"《左传》,褚师段,宋共公子石,食采于褚。其后可师号褚师,后因氏焉。又有褚师比。'堵'亦姓也,郑有堵汝父。但此作'堵师',则

恐字有讹。"

④ 罢中山：攻下中山。公元前408年，魏国派乐羊进攻中山，公元前406年攻取中山。罢，归也，指乐羊从中山归来。一说，罢，解除，除掉，此指攻取，攻下。

【解读】

魏将乐羊攻打中山，可是他的儿子却在中山。中山王烹杀了他的儿子，做成肉羹送给他，他坐在帅帐下一口把肉羹喝光了。魏文侯对睹师赞说："乐羊为了对寡人效忠竟吃他儿子的肉。"睹师赞回答说："乐羊连他自己儿子的肉都吃，还有谁的肉不肯吃呢！"乐羊从中山归来，魏文侯虽然奖赏他的战功，但是却怀疑他的居心。

西门豹为邺令

西门豹为邺令①，而辞乎魏文侯。文侯曰："子往矣，必就子之功，而成子之名。"西门豹曰："敢问就功成名，亦有术乎？"文侯曰："有之。夫乡邑老者而先受坐之士②，子入而问其贤良之士而师事之③，求其好掩人之美而扬人之丑者而参验之。夫物多相类而非也，幽莠④之幼也似禾，骊牛⑤之黄也似虎，白骨疑象⑥，武夫⑦类玉，此皆似之而非者也。

【注释】

① 西门豹：西门为复姓，名豹，魏文侯时邺令。《韩子·难言》："西门豹不斗而死人手"，疑后被人暗杀。邺：魏国邑名，在今河北临漳西南邺镇。

② 先受坐：指年老的人在众人之前先坐，故言"先受坐之士"。鲍本："老者坐先于众。"

③ 师事之：用对待师长的礼节来对待他们。

④ 幽莠（yǒu有）：深色的狗尾草。《说文》："莠，禾粟下扬生莠也。"段玉裁注："莠，今之狗尾草。"

⑤ 骊牛：黑黄色的牛。姚本作"骊牛"，鲍本作"骊牛"，从鲍本。吴正曰："骊牛，犹言犊牛、狸牛，不必拘以色论。"金正炜本："牛之似虎以黄，则不得不以色论。"后说较合理。

⑥ 象：指象牙。

⑦ 武夫：亦作砆碔，似玉的美石。

【解读】

西门豹出任邺县县令，向魏文侯告辞时，文侯对他说："你去吧！一定能使你建功扬名。"西门豹问："请问，立功成名也有方法吗？"魏文侯说："有的。那些乡里的老年人，和那些年高德助的读书人,贤卿应该拜他们为师,此外还要以那些隐善扬恶的人为参照。原来一种事物多数都是相类似而不相同,例如狗尾草刚长出时跟禾苗一样,而黑牛中比较黄的很像老虎,白骨头看起来跟象牙混淆不清,一种叫作碱砆的石头更极类似玉石,像这些都是似是而非的东西。"

魏策二

犀首田盼欲得齐魏之兵以伐赵

犀首、田盼欲得齐、魏之兵以伐赵①,梁君与田侯不欲②。犀首曰:"请国出五万人,不过五月而赵破。"田盼曰:"夫轻用兵者,其国易危;易用计者,其身易穷。公今言破赵大易,恐有后咎③。"犀首曰:"公之不慧也。夫二君者,固已不欲矣,今公又言难以惧之,是赵不伐而二士之谋困也。且公直言易,而事已去矣。夫难构而兵结,田侯、梁君见其危,又安敢释卒不我予乎?"田盼曰:"善。"遂劝两君听犀首。犀首、田盼遂得齐、魏之兵。兵未出境,梁君、田侯恐其至而战败也,悉起兵从之,大败赵氏。

【注释】

① 田盼:即盼子,齐国大臣。

② 梁君:即魏王,魏都大梁,故称魏王为梁君,此当指魏

惠王。田侯：即齐王，齐王为田氏，故称其为田侯，此当指齐威王。

③ 后咎：后患，后灾。

【解读】

犀首和田盼想率领齐、魏两国之兵去攻打赵国，魏君和齐君不同意。

犀首说："请求两国各出5万人，不超过5个月，赵国就会被攻下。"田盼说："轻易用兵的人，他的国家就容易危险；随便出谋的人，他自己就容易受困。您现在说攻下赵国很容易，将来恐怕会有后患。"犀首说："您可太不聪明了，齐、魏两君本来就不同意出兵，您现在又说有困难，来吓唬他们，这样，赵国不被攻打，我们两人的图谋就失败了。如果您干脆说容易，那么战事就可开始。等到双方交战，短兵相接，齐、魏两君眼看形势危急，又怎么敢置之不顾，不给我们出兵呢？"田盼说："好。"于是就劝齐、魏两君听从犀首的。犀首、田盼终能率领齐、魏之兵。军队还没有开出国境，魏君齐君担心他们到了赵国会战败，又调集所有军队跟在他们后面，因此就大败了赵国。

苏代为田需说魏王

苏代为田需说魏王曰："臣请问文之为魏①，孰与其为齐也？"王曰："不如其为齐也。""衍之为魏，孰与其为韩也？"王曰："不如其为韩也。"而苏代曰："衍将右韩而左魏②，文将右齐而左魏。二人者，将用王之国举事于世，中道而不可③，王且无所闻之矣。王之国虽操药而从之可也④。王不如舍需于侧⑤，以稽二人者之所为。二人者曰：'需非吾人也，吾举事而不利于魏，需必挫我于王。'二人者，必不敢有外心矣。二人者之所为，利于魏与不利于魏，王厝需于侧以稽之⑥，臣以便于事。"王曰："善。"果厝需于侧。

【注释】

① 为：帮助。姚本："为，助也。"

② 右：犹言亲近。左，犹言疏远。姚本："右，近；左，远。"

③ 中道：即中立。

④ 操药：指国力衰弱。姚本作"渗乐"，黄丕烈《札记》："此当作'操药'，形近之讹也。言国病甚。"从黄说。

⑤ 舍：放置，安置。

⑥ 厝（cuò措）：安置。

【解读】

苏代为田需游说魏王说:"我请问大王,孟尝君田文对魏国尽力,还是对齐国尽力?"魏王说:"他对魏国不如对齐国尽力。""公孙衍对魏国尽力,还是对韩国尽力?"魏王说:"他对魏国不如对韩国尽力。"于是苏代就说:"公孙衍必会亲近韩国,疏远魏国;田文必会亲近齐国,疏远魏国。他们两人将利用大王的国家在诸侯中图谋事变,保守中立则不可能,大王对诸侯的情况将会一无所知,大王的国家只会随之而削弱,能这样做吗?大王不如把田需安置在身边,好考察他们两人的所做所为。两人会暗想:'田需不是我们的人,我们办事如果不利于魏国,田需一定会在魏王面前毁伤我们。'他们二人就一定不敢有外心了。他们的所做所为,有利于魏国或不利于魏国,大王安置在身边的田需已经考察到了。我认为这样既有利于自己,又便于行事。"魏王说:"好。"魏王果然把田需安置在身边。

齐魏战于马陵

齐、魏战于马陵,齐大胜魏,杀太子申,覆十万之军。魏王召惠施而告之曰①："夫齐，寡人之仇也，怨之至死不忘，国虽小，吾常欲悉起兵而攻之，何如？"对曰："不可。臣闻之，王者得度②，而霸者知计。今王所以告臣者，疏于度而远于计。王固先属怨于赵③，而后与齐战④。今战不胜，国无守战之备，王又欲悉起而攻齐，此非臣之所谓也。王若欲报齐乎，则不如因变服折节而朝齐⑤，楚王必怒矣⑥。王游人而合其斗⑦，则楚必伐齐，以休楚而伐罢齐，则必为楚禽矣，是王以楚毁齐也。"魏王曰："善。"乃使人报于齐，愿臣畜而朝⑧，田婴许诺。张丑曰⑨："不可。战不胜魏，而得朝礼，与魏和而下楚，此可以大胜也。今战胜魏，覆十万之军，而禽太子申，臣万乘之魏而卑秦、楚，此其暴戾定矣⑩。且楚王之为人也，好用兵而甚务名，终为齐患者，必楚也。"田婴不听，遂内魏王，而与之并朝齐侯再三。赵氏丑之。楚王怒，自将而伐齐，赵应之，大败齐于徐州。

【注释】

① 魏王：指魏惠王。

② 度：法度。

③ 属怨于赵：同赵国结下仇怨。指魏惠王二十八年（公元前342年）魏国同宋国、韩国兴兵伐赵，围困邯郸。

④ 与齐战：是指魏惠王二十九年（公元前341年），齐国为救赵国，派孙膑、田忌领兵败魏于桂陵。

⑤ 变服：更换君主的服装。缪文远本："变服，指改变

王服。"

⑥ 楚王：指楚威王。

⑦ 游：犹言游说，鲍本："游，使人游二国之间也。"

⑧ 臣畜：犹称臣，缪文远本："畜，养也。臣畜，犹称臣也。"一说，臣下如犬马，鲍本："自比犬马也。"

⑨ 张丑：齐人。见《齐策一·楚威王战胜于徐州》注。

⑩ 此其暴戾定矣：这将使齐王暴戾是一定的了。缪文远本："言齐王定将因胜魏而行为暴戾，引起秦、楚嫉视。"丑：犹言羞耻。徐州：见《齐策一·楚威王战胜于徐州》注。

【解读】

齐、魏在马陵作战，齐军大败魏军，杀死魏太子申，魏国10万大军全部败溃。这时魏惠王把宰相惠施找来说："齐国是寡人的仇敌，这种仇恨终身难忘。魏国虽小，但是寡人想动员全国兵力攻打齐国，不知你以为如何？"惠施回答说："不可以。臣听说：'以德治天下的要守法度，以力制天下的常用计谋。'现在君王告诉臣下的，既不合乎法度，又不合乎计谋。君王本来是先怨恨赵国，然后才派兵攻打齐国。如今战败，国家没有防御措施，可是君王又想动员全国兵力讨伐齐，这就不是臣所说的守法度和用计谋了。假如君王要报齐国之仇，还不如脱下天子之服，换上诸侯之装，取消天子称号，以诸侯身分去齐国朝贡，如此楚王必然大怒。这时君王再派游说之士，挑拨楚、齐两国交战，那楚国必然攻打齐国,凭安定的楚国来攻打动乱的齐国,齐国必然被楚国战败,这就等于是君王用楚来征服齐。"魏惠王说:"好计策!"于是就派使者前往齐国,表示愿意对齐王尽臣子之礼来朝贡。

齐相田婴当即接受,可是张丑却说:"不可以接受魏国的朝贺。假如齐国没有战胜魏国,而得到魏国的祝贺之礼,跟魏讲和之后再连兵攻楚,那必然可以大败楚国。可是现在齐国已经战胜魏国,击溃魏国10万大军,俘虏了魏太子申,征服了拥有万辆兵车的魏国,连秦、楚两国都甘拜下风,两国都认为齐国的暴戾已经停止。况且楚王的为人是喜好用兵而又爱好名誉,所以最后成为齐国忧患的必然是楚国。"田婴没有采纳张丑的建议,而接受魏惠王的要求,一连几次与魏惠王一起去朝见齐威王。

赵王感到很愤恨,楚王更是勃然大怒,亲自率兵攻打齐国,赵国也派兵响应,结果大败齐军于徐州。

魏策三

秦赵约而伐魏

秦、赵约而伐魏,魏王患之①。芒卯曰②:"王勿忧也,臣请发张倚使谓赵王曰③,夫邺,寡人固刑弗有也④。今大王收秦而攻魏,寡人请以邺事大王。"赵王喜,召相国而命之曰:"魏王请以邺事寡人,使寡人绝秦。"相国曰:"收秦攻魏,利不过邺;今不用兵而得邺,请许魏。"张倚因谓赵王曰:"敝邑之吏效城者已在邺矣⑤,大王且何以报魏?"赵王因令闭关绝秦,秦、赵大恶。芒卯应赵使曰:"敝邑所以事大王者,为完邺也。今效邺者,使者之罪也,卯不知也。"赵王恐魏承秦之怒,遽割五城合于魏而支秦⑥。

【注释】

① 魏王:指魏昭王。
② 芒卯:齐国人。姚本:"《淮南子》注,孟卯,齐人

也,《战国策》作'芒卯'。"

③ 张倚:魏国人。赵王:即赵惠文王。

④ 刑:通"形"。

⑤ 敝邑:自谦之词,犹言敝国。

⑥ 支秦:犹言抗拒秦国。支,犹言抗拒。

【解读】

秦、赵缔结军事同盟要攻打魏国,魏昭王非常担忧。魏将芒卯对昭王说:"大王不必忧心,臣派张倚为使者,去对赵王说:'对魏国的邺,寡人有难以维护的苦衷,如今大王联秦而攻魏,寡人愿意把邺献给大王。'"赵惠文王很高兴,便召来相国,说:"魏王要献邺城给寡人,让寡人跟秦国绝交。"赵相国说:"联合秦国攻打魏国,所得到的好处也不会超过邺城。现在不用兵而又得到邺城,请答应这项条件吧!"于是张倚对赵惠文王说:"敝国献城的使节已经来到邺,不知大王要用什么来报答魏国?"赵惠文王于是闭关和秦绝交,秦、赵两国的邦交急剧恶化。

这时魏将芒卯对来接收邺城的赵使说:"敝国所以要臣事贵国君主,是为了保全邺城的完整。献出邺城是使者的错误,我并不知道。"赵惠文王担心魏国利用秦国的愤怒而对自己不利,就赶紧割五城给魏国,旨在联合魏国防御秦国。

秦将伐魏

秦将伐魏。魏王闻之①，夜见孟尝君②，告之曰："秦且攻魏，子为寡人谋，奈何？"孟尝君曰："有诸侯之救则国可存也。"王曰："寡人愿子之行也。"重为之约车百乘。孟尝君之赵，谓赵王曰③："文愿借兵以救魏。"王曰："寡人不能。"孟尝君曰："夫敢借兵者，以忠王也。"王曰："可得闻乎？"孟尝君曰："夫赵之兵非能强于魏之兵，魏之兵非能弱于赵也。然而赵之地不岁危，而民不岁死；而魏之地岁危，而民岁死者，何也？以其西为赵蔽也。今赵不救魏，魏歃盟于秦④，是赵与强秦为界也，地亦且岁危，民亦且岁死矣。此文之所以忠于大王也。"赵王许诺，为起兵十万，车三百乘。

又北见燕王曰⑤："先日公子常约两王之交矣⑥，今秦且攻魏，愿大王救之。"燕王曰："吾岁不熟二年矣，今又行数千里而以助魏，且奈何？"田文曰："夫行数千里而救人者，此国之利也。今魏王出国门而望见军，虽欲行数千里而助人，可得乎？"燕王尚未许也。田文曰："臣效便计于王，王不用臣之忠计，文请行矣，恐天下之将有大变也。"王曰："大变可得闻乎？"曰："秦攻魏，未能克也，而台已燔⑦，游已夺矣⑧。而燕不救魏，魏王折节割地，以国之半与秦，秦必去矣。秦已去魏，魏王悉韩、魏之兵，又西借秦兵，以因赵之众，以四国攻燕，王且何利？利行数千里而助人乎？利出燕南门而望见军乎？则道里近而输又易矣，王何利？燕王曰："子行矣，寡人听子。"乃为之起兵八万，车二百乘，以从田文。魏王大说曰："君得燕、赵之兵甚众且亟矣。"秦王大恐⑨，割地请讲于魏。因归燕、赵之兵而封田文。

【注释】

① 魏王：指魏昭王。

② 孟尝君：即田文，此时为魏国相国。缪文远本："孟尝君，田文，时已去齐相魏。"

③ 赵王：指赵惠文王。

④ 歃（shà煞）盟：即歃血为盟，古代订盟的一种仪式，杀牲饮血，表示诚意。

⑤ 燕王：指燕昭王。

⑥ 公子：此为孟尝君对自己父亲的敬称，鲍本："称其父婴。"一说，为燕国或魏国的公子，缪文远本："此当指魏或燕之公子。"后说恐误。

⑦ 燔（fán凡）：焚烧。

⑧ 游已夺：犹言游观的乐趣已被夺走。

⑨ 秦王：指秦昭王。

【解读】

秦国准备攻打魏国，魏王听说以后，晚上会见了相国孟尝君，告诉他说："秦国准备攻打魏国，您为我出谋划策，该怎么办？"孟尝君说："如果有诸侯的救援，那么国家可以保全。"魏王说："我希望您为我走一趟。"并郑重地为他准备好100辆战车。孟尝君去到赵国，对赵王说："我希望借兵来救魏国。"赵王说："我不能借。"孟尝君说："敢来向大王借兵的，是忠于大王的人啊。"赵王说："可以听听你的道理吗？"孟尝君说："赵军并不比魏军强，魏军并不比赵军弱。可是赵国年年太平无事，百姓也不见年年死亡；相反魏国年年战乱，百姓年年有死亡的，这是为什么呢？因为魏国在西边成了赵国的屏障。如果赵国不救魏国，魏国就要与秦国结盟。这样，赵国就等于直接和强秦为邻。赵国将年年有战乱，百姓将年年有死亡。这就是我所说的'忠于大王'啊。"赵王答应借兵，于是为魏国派兵10万，战车300辆。

孟尝君又到北边去拜见燕王，说："以前公子常曾邀约魏国和燕国结为盟国。现在秦国准备攻打魏国，希望大王能救援魏国。"燕王说："我们连着两年收成不好，如果又要行军数千里去援助魏国，可怎么办呢？"孟尝君田文说："行军数千里去救人，这是国家的大利。现在，魏王一出国门就可以看见秦军，即使想要行军数千里去救人可能吗？"燕王还未答应借兵，田文接着说:"我献给大王有利的计谋,可大王不用我的忠心计策,那么我只得请求离开,我担心天下将要发生大的变化呀。"燕王说:"大变化我能够听听吗?"田文说:"秦国攻打魏国,还没能战胜魏国,游观的高台就已经被焚烧了,国君宴乐射猎的离宫也被占领了。如果燕国不援救魏国,魏王就会割地屈膝求和,以半个魏国献给秦国,秦军一定会撤退。秦军从魏国撤退以后,魏王率领韩、魏大军,又从西边借来秦军,再联合赵军,用四国联军去攻打燕国,大王还有什么好处呢?当魏、秦、韩、赵四国联军兵临城下之时,到底是'行数千里去助人'有利呢?还是出燕都南门就看见四国联军有利呢?四国兵临城下,燕国和四国相距已很近了,运输也方便,这个时候,大王又有什么好处呢?"燕王说:"您可以走了,我听从您的。"于是为魏国派兵8万,战车200辆,随着田文。魏王非常高兴,说:"您借来燕、赵军队很多,而且又快。"秦王十分害怕,便向魏国割地求和,于是魏国归还燕、赵的军队,并加封田文。

魏将与秦攻韩

魏将与秦攻韩,无忌谓魏王曰[①]:"秦与戎翟同俗,有虎狼之心，贪戾好利而无信，不识礼义德行，苟有利焉，不顾亲戚兄弟，若禽兽耳。此天下之所同知也，非所施厚积德也②。故太后母也，而以忧死；穰侯舅也，功莫大焉，而竟逐之；两弟无罪，而再夺之国③。此于其亲戚兄弟若此，而又况于仇仇之敌国也④？今大王与秦伐韩益近秦，臣甚或之⑤，而王弗识也，则不明矣。群臣知之，而莫以此谏，则不忠矣。

"今夫韩氏以一女子承一弱主⑥，内有大乱，外安能支强秦、魏之兵，王以为不破乎？韩亡，秦尽有郑地，与大梁邻，王以为安乎？王欲得故地，而今负强秦之祸也，王以为利乎？秦非无事之国也，韩亡之后，必且更事⑦，更事必就易与利，就易与利，必不伐楚与赵矣。是何也？夫越山逾河，绝韩之上党而攻强赵⑧，则是复阏与之事也⑨，秦必不为也。若道河内，倍邺、朝歌，绝漳、滏之水，而以与赵兵决胜于邯郸之郊，是受智伯之祸也，秦又不敢⑩。伐楚，道涉谷行三千里而攻黾隘之塞，所行者甚远，而所攻者甚难，秦又弗为也⑪。若道河外，背大梁，而右上蔡、召陵，以与楚兵决于陈郊，秦又不敢也⑫。故曰，秦必不伐楚与赵矣，又不攻燕与齐矣⑬。韩亡之后，兵出之日，非魏无攻矣。秦故有怀、茅、邢丘，城垝津，以临河内，河内之共、汲莫不危矣⑭。秦有郑地，得垣雍，决荥泽而水大梁，大梁必亡矣⑮。王之使者大过矣，乃恶安陵氏于秦，秦之欲许之久矣⑯。然而秦之叶阳、昆阳与舞阳、高陵邻，听使者之恶也，随安陵氏而欲亡之⑰。秦绕舞阳之北以东临许，则南国必危矣。南国虽无危,则魏国岂得安哉?且夫憎韩不爱安陵氏可也⑱,夫不患秦之不爱南国,非也。

"异日者,秦乃在河西,晋国之去梁也,千里有余,有河山以兰之,有周、韩而间之⑲。从林军以至于今,秦十攻魏,五入国中,边城尽拔,文台堕,垂都焚,林木伐,麋鹿尽,而国继以围⑳。又长驱梁北,东至陶、卫之郊,北至乎阚,所亡乎秦者,山南、山北、河外、河内,大县数百,名都数十㉑。秦乃在河西,晋国之去大梁也尚千里,而祸若是矣,又况于使秦无韩而有郑地,无河山以兰之,无周、韩以间之,去大梁百里,祸必百此矣。异日者,从之不成也,楚、魏疑而韩不可得而约也。今韩受兵三年矣,秦挠之以讲,韩知亡,犹弗听,投质于赵,而请为天下雁行顿刃。以臣之观之,则楚、赵必与之攻矣。此何也?则皆知秦之欲无穷也,非尽亡天下之兵而臣海内之民,必不休矣。是故臣愿以从事乎王,王速受楚、赵之约而挟韩之质,以存韩为务,因求故地于韩,韩必效之。故此则士民不劳而故地得,其功多于与秦共伐韩,然而无与强秦邻之祸。

"夫存韩、安魏而利天下,此亦王之大时已。通韩之上党于共、宁,使道已通,因而关之,出入者赋之,是魏重质韩以其上党也。共有其赋,足以富国,韩必德魏、爱魏、重魏、畏魏,韩必不敢反魏,韩是魏之县也。魏得韩以为县,则卫、大梁、河外必安矣。今不存韩,则二周必危,安陵必易。楚、赵大破,燕、齐甚畏,天下之西向而驰秦,入朝为臣之日不久矣。"

【注释】

① 无忌：即信陵君。姚本作"朱己"，《史记》作"无忌"，从《史记》。

② 施厚：即施恩惠。

③ 故太后母也，而以忧死；穰侯舅也，功莫大焉，而竟逐之；两弟无罪，而再夺之国：此指周赧王四十九年（公元前266年）秦王听从范雎之说，废掉太后，放逐了舅父穰侯及两个弟弟。太后，即秦宣太后。两弟：指高陵君、泾阳君。

④ 也：犹言乎。王引之《经传释词》："也，犹'乎'也。"

⑤ 或：同"惑"。

⑥ 一女子：指韩桓惠王之母，即韩太后。弱主：指韩桓惠王，此时年少。

⑦ 更事：再生事端。缪文远本："更事，犹云再兴事端。"姚本、鲍本均作"便事"，《史记》、帛书皆作"更事"，从后者，下句亦同。

⑧ 上党：见《东周策·或为周最谓金投》注。

⑨ 阏（yù玉）与之事：指公元前270年秦国派胡阳攻打赵国的阏与，赵将赵奢大破秦军。《史记·赵世家》："惠文王二十九年，秦、韩相攻而围阏与，赵使赵奢将击秦，大破秦军阏与下。"

⑩ 河内：见《秦策四·顷襄王二十年》注。邺：见《魏策一·西门豹为邺令》注。朝歌：见《秦策五·四国为一将以攻秦》注。漳、滏：见《赵策三·说张相国》注。智伯之祸：指公元前455年，智伯率领韩、魏的军队围困赵襄子于晋阳，围困三年没有攻下。公元前453年，赵、韩、魏共反智伯，杀死智伯，三分其地。

⑪ 涉谷：地名，通往楚国的险路。姚本、鲍本均作"涉而谷"，衍"而"字，删掉。三千：姚本作"三十"，《史记》作"三千"，从《史记》。黾隘：亦作"冥厄"，楚国北方险塞，在今河南信阳市与湖北应山县之间。姚本作"危隘"，"危"是"黾"字之形讹，改"危"为"黾"。

⑫ 上蔡：地名，在今河南上蔡县。召陵：地名，在今河南郾城县。陈：地名，在今河南淮阳县。

⑬ 燕：姚本、《史记》均作"卫"，帛书作"燕"，从帛书。

⑭ 怀：地名，在今河南武陟县。茅：地名，在今河南获嘉县。姚本作"地"，《史记》、帛书均作"茅"，从《史记》及帛书。刑丘：即邢丘，在今河南温县。城垝（guǐ轨）津：在垝津筑城。垝津，地名，在今河南滑县。姚本此句"城"字前有"之"字，《史记》无，从《史记》。共：地名，在今河南辉县。汲：地名，在今河南汲县西南。

⑮ 垣雍：地名，在今河南原阳县西北。荥泽：即荥泽，古

泽名，在今河南郑州市西北古荥镇北。荥泽在大梁上游，引水可灌大梁城。

⑯ 安陵：是魏国的一个附属小国，魏襄王时封，在今河南鄢陵西北。许：地名，在今河南许昌市。

⑰ 叶阳：地名，在今河南叶县。昆阳：地名，在今河南叶县北二十五里。舞阳：地名，在今河南舞阳县。

⑱ 爱：姚本作"受"，《史记》作"爱"，从《史记》。

⑲ 河西：即西河之外，指今山西、陕西两省间黄河南段以西的地方。晋国：指晋国故都绛、魏国故都安邑一带。有：姚本无"有"字，《史记》有，从《史记》。兰：通"拦"。

⑳ 林军：即军于林，指林乡之战。缪文远本："此役在魏昭王十三年（前283年）。"林乡，在今河南新郑县东。文台：地名，在今山东菏泽县西北。垂都：地名，在今山东曹县北。

㉑ 陶：地名，在今山东定陶县。卫：地名，在今河南滑县东。缪文远本："卫，即楚丘，卫文公都之，故城在今河南滑县东。"乎阚：地名，在今山东汶上县西南。山南：姚本无"山南"二字，《史记》、帛书有，从《史记》及帛书。山，指中条山。也：姚本作"矣"，鲍本作"也"，从鲍本。

【解读】

魏国打算联合秦国攻打韩国，韩臣朱已对魏王说："秦国与戎狄的习俗相同，有虎、狼一般威猛贪狠之心，贪暴好利，不讲信义，不懂得礼义德行。如果有利可图，就不顾父、母、兄、弟，跟禽兽没什么两样。这是天下的人所共知的，它是一个既不施恩惠于他人，也不积德行于自己的国家。所以，宣太后是秦昭王的母亲，却被他废掉，忧愤而死；穰侯是昭王的舅父，功劳最大，竟然被驱逐；两个弟弟泾阳君、高陵君无罪，却两次夺去他们的封地，他对于父、母、兄、弟尚且这样，更何况对于敌国呢。

"现在大王打算联合秦国攻打韩国，就更加接近秦祸，我非常迷惑不解，可大王还不了解，这就不够明智了，群臣了解情况，而却无人以上述情况进行劝谏，这就是不忠了。现在韩国以一个女子辅助一个幼主，国内有大乱，对外怎么能够抵抗强大的秦、魏联军，大王以为韩国不会被灭亡吗？韩国灭亡了，秦国完全占有其地，与魏都大梁为邻，大王以为这样能平安吗？大王想收回被韩国占领的旧地，如今却要遭受强秦的祸患，大王认为这有利吗？"

"秦国并不是一个不滋生事端的秦国，韩国灭亡之后，一定又会发动战争，如果发动战争，就一定选择容易和有利的事去做；选择容易和有利的事，就一定不会进攻楚国和赵国。这是为什么呢？秦国要越过高山，跨过黄河，横穿韩国的上党去攻打强赵，这是重蹈阏与之战失败的覆辙，秦国一定不会干。如果经过河内，背着邺城、朝歌，横渡漳水和滏水，而在邯郸之郊与赵军决一胜负，这就要遭受智伯受过的灭国大祸，秦国又不敢。假设攻打楚国，取道涉谷，行走3000里，去攻打邑隘关塞，走的路太远，攻打起来又太难，秦国又不会干。如果取道河外，背向大梁，经过陈州以西的上蔡、召陵，在陈州效野与楚军决一胜负，秦国又不敢。所以说'秦国肯定不会进攻楚国和赵国'，又不会攻打燕国和齐国。当韩国灭亡之后，秦国出兵之日，必定会攻打魏国。"

"秦国本来有怀地、茅地、刑丘，在垝津筑城，而逼近河内，河内的共、汲必定危险。秦国占领了郑地，获得了垣雍，决开荥泽之水，去淹灌大梁，大梁一定会被攻陷。大王的使者大错了，竟然在秦国诋毁魏的附属国安陵氏，秦国很久以来就想占领许地。然而秦国的叶阳、昆阳与魏国的舞阳为邻，若听任使者诋毁，跟随灭安陵氏之后，秦国就想占有许地。秦军绕道舞阳以北，向东逼近许地，那么魏都大梁必定危险，即使大梁不危险，魏国难道就能安宁吗？如果痛恨韩国，不怜惜安陵氏，这还可以，然而不担心秦国也不怜惜大梁，这就不可以。"

"从前，秦国才在黄河以西，魏国旧都安邑距大梁有千里之遥。中间有河、山阻隔，又有周、韩两国相间。从秦攻魏的林中战役至今，秦国十次进攻魏国，五次打到了国中，边境城市尽被占领，文台被毁坏，垂都被焚烧，林木被砍伐、麋、鹿被杀尽，接着国都被包围。秦军长驱直入，一直打到大梁的北边、东边打到陶、卫二地的郊外，北边打到阚地，丧失给秦国的土地有：山南、山北、河外、河内，大县有数百，大邑有数十。秦国在黄河以西，魏国旧都安邑距大梁还有千里，可是灾祸竟然到了这种地步，更何况如果秦国灭掉了韩国，占有郑地，没有河、山阻隔，没有周、韩两国的相间，离大梁只有百里，那灾祸必然超过此刻一百倍。"

"从前，合纵不成功，楚国和赵国猜疑，韩国多变，不可能结盟。现在韩国被秦兵进攻了三年，秦国要韩国屈膝求和，韩国知道要被灭亡，仍然不愿俯首听命，给赵国送去人质，请求准备好武器为诸侯打头阵。据我看来，楚国和赵国必定会和韩国联合进攻秦国。这是为什么呢？因为诸侯都知道秦国的贪欲没完没了，不消灭天下的军队，不征服天下的人民，它必定不肯罢休。因此，我愿意用合纵政策为大王服务，请大王即刻接受楚国和赵国的盟约，控制韩国的人质，以保存韩国为急务。因此，向韩国讨回原来被其占领的土地，韩国一定会献出。这样，人民不必辛劳而收回了故土，这个功绩比联合秦国攻打韩国的功绩大得多。而且还可以避免与强秦为邻的祸患。"

"保存韩国，安定魏国，而使天下诸侯得利，这也是大王建功立业的大好时机啊。使韩国的上党与共、宁二地的道路相通，两国通使之道已通。因而设立关卡，对出入的人征收赋税，这样韩国以其上党作为给魏国一份重礼，两国共同享有赋税，足可以富国。韩国也必然感激魏国，爱戴魏国，尊重魏国，敬畏魏国，它一定不敢反对魏国。这样，韩国就成了魏国的一个县，魏国得到韩国作为一个县，就用来捍卫遮蔽国都大梁，河外一定安宁。

如果不保存韩国，那么东周、西周一定危险，安陵必定成为秦国所有，秦国大败楚、赵两国，燕国、齐国非常害怕，诸侯向西奔往秦国，朝拜秦王甘愿做臣的日子就不远了。"

魏策四

献书秦王

（阙文）①献书秦王曰："臣窃闻大王之谋出事于梁②，谋恐不出于计矣③，愿大王之熟计之也。梁者，山东之要也④，有蛇于此，击其尾，其首救；击其首，其尾救；击其中身，首尾皆救。今梁王，天下之中身也。秦攻梁者，是示天下要断山东之脊也⑤，是山东首尾皆救中身之时也。山东见亡必恐，恐必大合，山东尚强，臣见秦之必大忧可立而待也。臣窃为大王计，不如南出。事于南方⑥，其兵弱，天下必不能救⑦。地可广大，国可富，兵可强，主可尊。王不闻汤之伐桀乎？试之弱密须氏以为武教⑧，得密须氏而汤知服桀矣⑨。今秦欲与山东为仇⑩，不先以弱为武教，兵必大挫，国必大忧。"秦果南攻蓝田、鄢、郢。

【注释】

① 阙文：指脱漏文字。下同。

② 臣：姚本作"昔"，鲍本作"臣"，从鲍本。

③ 谋恐不出于计：这样的计谋恐怕没出于仔细的考虑，即这样的计谋恐怕不妥当。鲍本："非得计也。"

④ 要：同"腰"。

⑤ 要：犹言欲，想要。鲍本："要，犹欲。"

⑥ 南方：指楚国。

⑦ 天下必不能救：姚本作"天下必能救"，"必"下恐脱"不"字，据文意，增"不"字。

⑧ 密须氏：商朝时小国，姞（jí吉）姓，在今甘肃灵台县西部。据《史记·周本纪》："西伯伐密须，商汤伐昆吾"。而文中此处言商汤伐密须氏，当误，恐为策士妄言。

⑨ 知：姚本作"之"，鲍本作"知"，从鲍本。

⑩ 欲：姚本作"国"，鲍本作"欲"，从鲍本。蓝田：见《秦策四·秦取楚汉中》注。鄢：见《秦策三·谓应侯曰君禽马服乎》注。郢：见《秦策一·张仪说秦王》注。

【解读】

有人上书给秦王说："我听说大王考虑要出兵魏国，这个计谋恐怕不妥当，希望大王深思熟虑。魏国是山东诸侯的要冲。譬如这里有一条蛇，打它的尾，它的头就来救；打它的头，它的尾就来救；打它的腰，头、尾都来救。现在魏国等于是天下的腰身，秦国攻打魏国，这就是告诉诸侯，秦国要截断诸侯的脊梁，那么这是山东诸侯'首尾皆救腰身'的时候了。魏国知道要亡,一定害怕,若害怕就一定会广泛地进行联合,魏国还强,我预料秦国的大忧患就在眼前了。为大王考虑,不如向南方的楚国出兵,它的兵力弱,诸侯不能援救,秦国因而土地可以扩大,国家可以富裕,兵力可以增强,主上可受尊重。大王没听商汤讨伐夏桀的事吗?在讨伐桀以前,先曾对弱小的密须国用兵,用以训练和整顿自己的武装力量。消灭了密须国后,汤就征服了夏桀。现在秦国想与魏国为敌,如果不先用兵进攻弱楚,用以训练和整顿自己的武装力量。那么兵力必然要大受挫伤,国家必然要面临更大的忧患。"秦国果真向南攻击蓝田和鄢、郢。

魏王问张旄

魏王问张旄曰[①]:"吾欲与秦攻韩,何如?"张旄对曰:"韩且坐而胥亡乎[②]?且割而从天下乎?"王曰:"韩且割而从天下。"张旄曰:"韩怨魏乎?怨秦乎?"王曰:"怨魏。"张旄曰:"韩强秦乎?强魏乎?"王曰:"强秦。"张旄曰:"韩且割而从其所强,与所不怨乎?且割而从其所不强,与其所怨乎?"王曰:"韩将割而从其所强,与其所不怨。"张旄曰:

"攻韩之事,王自知矣。"

【解读】

魏王问张旄说:"我想和秦国一道攻打韩国,怎么样?"张旄回答说:"韩国是准备坐等亡国呢?还是割地与诸侯结盟呢?"魏王说:"韩国准备割地与诸侯结盟。"张旄说:"韩国怨恨魏国呢?还是怨恨秦国呢?"魏王说:"怨恨魏国。"张旄说:"韩国认为秦国强?还是魏国强呢?"魏王说:"认为秦国强。"张旄说:"韩国准备与他认为的强国和无怨恨的国家割地结盟呢?还是与他认为的不强和有怨恨的国家割地结盟呢?"魏王说:"韩国准备与他认为的强国和无怨恨的国家割地结盟。"张旄说:"那么攻打韩国的大事大王自己已经明白了。"

长平之役

长平之役①,平都君说魏王曰②:"王胡不为从?"魏王曰:"秦许吾以垣雍③。"平都君曰:"臣以垣雍为空割也。"魏王曰:"何谓也?"平都君曰:"秦、赵久相持于长平之下而无决,天下合于秦则无赵,合于赵则无秦,秦恐王之变也,故以垣雍饵王也。秦战胜赵，王敢责垣雍之割乎？王曰：'不敢'。秦战不胜赵，王能令韩出垣雍之割乎？王曰：'不能'。臣故曰，垣雍空割也。"魏王曰："善。"

【注释】

① 长平：位于现在的山西晋城高平的西北一带。秦国名将白起率军在赵国的长平一带同赵军发生战争。最终赵军战败，秦军进占长平，并坑杀赵国40万降兵。
② 魏王：指魏安釐王。
③ 垣雍：原为魏地，此时已属韩国。

【解读】

在秦、赵长平战役中，赵国的平都君游说魏王说："大王为什么不组织合纵联盟呢？"魏王说："秦国答应归还我垣雍。"平都君说："我认为归还垣雍只是一句空话。"魏王说："这怎么讲？"平都君说："秦、赵两国在长平城下长期相持，不分胜负。诸侯与秦国联合，就会灭掉赵国；与赵国联合，就会灭掉秦国。秦国担心大王改变主意，所以用垣雍作为诱饵，使您不背弃秦国。秦国战胜了赵国，大王敢要求割垣雍吗？大王会说'不敢。'秦国不能战胜赵国，大王能让韩国交出垣雍吗？大王会说'不能。'所以我说：归还垣雍只是一句空话。"魏王说："对。"

信陵君杀晋鄙

信陵君杀晋鄙①,救邯郸,破秦人,存赵国,赵王自郊迎②。唐且谓信陵君曰:"臣闻之曰,事有不可知者,有不可不知者;有不可忘者,有不可不忘者。"信陵君曰:"何谓也?"对曰:"人之憎我也,不可不知也;吾憎人也,不可得而知也③。人之有德于我也,不可忘也;吾有德于人也,不可不忘也。今君杀晋鄙,救邯郸,破秦人,存赵国,此大德也。今赵王自郊迎,卒然见赵王④,臣愿君之忘之也。"信陵君曰:"无忌谨受教。"

【注释】

① 信陵君:魏无忌,魏国公子,是战国时期魏国著名的军事家、政治家。晋鄙:魏国将领。公元前257年,秦国攻打赵国,晋鄙奉魏王之命率军救赵,但魏王惧怕秦兵干涉,下令停止进军。信陵君盗取虎符,并令门客朱亥以铁锤击杀了晋鄙,取得了晋鄙的兵权。

② 赵王:指赵孝成王。

③ 吾憎人也,不可得而知也:我憎恨别人,别人不能够得知,鲍本:"人不能知。"

④ 卒:同"猝"。

【解读】

　　信陵君杀了魏将晋鄙，拯救了邯郸，打败了秦军，保全了赵国，赵王亲自到郊外迎接信陵君。唐且对信陵君说："我听说：'事情有不能知道的，有不能不知道的；有不能忘记的，有不能不忘记的。'"信陵君说："什么意思？"唐且回答说："别人憎恨我，不能不知道，以便自我反省；我憎恨别人，不能让人知道，若知道，双方会仇恨愈深；别人对自己有好处，不能忘记；我对别人有好处，不可不忘记。现在您杀了晋鄙，拯救了邯郸，打败了秦军，保全了赵国，这对赵国是很大的恩德。现在赵王亲自到郊外迎接您，突然见到赵王，我希望您忘掉救赵的事。"信陵君说："我敬遵您的教诲。"

韩策一

苏秦为楚合从说韩王

苏秦为楚合从说韩王曰①:"韩北有巩、洛、成皋之固②,西有宜阳、常阪之塞③,东有宛、穰、洧水④,南有陉山⑤,地方千里,带甲数十万。天下之强弓劲弩皆自韩出,溪子、少府、时力、距黍⑥,皆射六百步之外。韩卒超足而射⑦,百发不暇止,远者达胸,近者掩心⑧。韩卒之剑戟皆出于冥山、棠溪、墨阳、合伯⑨。邓师、宛冯、龙渊、大阿⑩,皆陆断马牛,水击鹄雁,当敌即斩。坚甲、盾、鞮鍪、铁幕、革抉、芮⑪,无不毕具。以韩卒之勇,被坚甲、跖劲弩,带利剑,一人当百,不足言也。夫以韩之劲与大王之贤,乃欲西面事秦,称东藩,筑帝宫,受冠带,祠春秋,交臂而服焉⑫。夫羞社稷而为天下笑,无过此者矣。是故愿大王之熟计之也。大王事秦,秦必求宜阳、成皋,今兹效之,明年又益求割地。与之,即无地以给之;不与则弃前功而后更受其祸。且夫大王之地有尽,而秦之求无已。夫以有尽之地而逆无已之求,此所谓市怨而买祸者也,不战而地已削矣。臣闻鄙语曰:'宁为鸡口,

·247·

无为牛后⑬。'今大王西面交臂而臣事秦，何以异于牛后乎？夫以大王之贤，挟强韩之兵，而有牛后之名，臣窃为大王羞之。"韩王忿然作色，攘臂按剑，仰天太息曰："寡人虽死，必不能事秦。今主君以楚王之教诏之，敬奉社稷以从。"

【注释】

① 韩王：指韩宣王，《史记·苏秦列传》作"韩宣王"。

② 巩、洛：均为地名。巩，在今河南巩县。洛，即今河南洛阳。郭希汾本："巩，今河南巩县。洛，今河南洛阳县。地皆属周，言可恃为固耳。"

③ 宜阳：见《东周策·秦攻宜阳》注。常阪：即商山（在今陕西商县东南）。

④ 宛：见《西周策·薛公以齐为韩魏攻楚》注。穰：地名，在今河南邓县东南。洧（wěi尾）水：源出河南登封县北阳城山，东流经密县、新郑县称双洎河，又折向东南经鄢陵、扶沟、西华，至商水入颍河。

⑤ 陉山：见《秦策四·楚魏战于陉山》注。

⑥ 溪子、少府、时力、距黍：皆弓名。溪子，指南方少数民族所造的弓，许慎注《淮南子》："南方溪子蛮夷柘（zhè这）弩，皆善材。"少府：官府名，此指少府所造的弓弩。时力，弓弩制作得时，力倍于常，故名时力。距黍，即矩黍，古代良弓。姚本作"距来"，《荀子·性恶篇》："繁弱、钜黍，古

之良弓也。"《广雅》:"繁弱、钜黍,弓也。"姚本"来"字,当是"黍"字之讹。改"来"为"黍"。

⑦ 超足而射:抬脚踏射。

⑧ 掩心:穿透心脏。鲍本:"箭中心上,如掩。"

⑨ 冥山:在今河南信阳市东南。战国时为楚、韩二国分界处。棠溪:古邑名,在今河南西平县西,春秋属楚,战国属韩。墨阳:韩国产剑地,《淮南子》:"墨阳之莫邪",今地不详;一说,在今河南淅川县北。缪文远本:"墨阳,地名,亦以出剑著,地在今河南淅川县北。县有墨山,墨阳盖即墨山之阳也。"合伯:地名,在今河南西平县西,一作合膊,产利剑。姚本作"合伯膊",鲍本:"无'膊'字。"从鲍本。

⑩ 邓师、宛冯、龙渊、大阿:皆剑名。《史记索隐》:"邓国有工铸剑,因名邓师。宛人于冯池铸剑,故名宛冯。"《晋太康地记》:"汝南西平有龙泉,可淬(cuì脆)刀剑。"《吴越春秋》:"吴有干将,越有欧冶善铸剑,二人所作之剑,一曰龙渊,二曰太阿。"大阿即太阿。

⑪ 鞮(dī低)鍪(móu谋):头盔。铁幕:铁制的护臂。革抉(jué决):革制的射抉。抉,射抉,著于右大拇指,用来钩弦发箭。

⑫ 跖(zhí直):人的足底,犹言踏。交臂:犹言交手,拱手。

⑬ 宁为鸡口,无为牛后:宁可做鸡口,不可做牛肛门。鲍本补:"《正义》云,鸡口虽小,乃进食;牛后虽大,乃出

· 249 ·

粪。"一说，姚本此句"口"为"尸"字之讹，"后"为"从"字之讹，《史记·索隐》作"宁为鸡尸，不为牛从。"则此句可译为，宁做鸡中王，不做牛中犊。延笃《战国策音义》："尸，鸡中主。从，牛子也。"

【解读】

苏秦为楚国合纵之事劝说韩昭侯说："韩国北有巩、洛、成皋那样坚固的边城，西有宜阳、常阪那样险要的关塞，东有宛、穰、洧水等，南有陉山，地有千里，精兵几十万。天下的精锐武器也都出在韩国，例如溪子、少府、时力和距来等弓，都能射600多步远。韩军如果拉足了弓，可以说个个百发百中，远的能射中胸膛，近的能射中心脏。韩军的剑和戟，都是冥山、棠溪、墨阳、合伯等地出产的。而邓师、宛冯、龙渊、大阿等宝剑，能在陆地上砍断牛马、能在水上刺中天鹅和大雁，面对敌人可击溃强敌。至于说铁衣、盾牌、皮靴、铁盔、铁护臂、皮护膀、系盾绳，韩国无不俱备，凭韩军的勇敢，坚固的盔甲，强劲的弓弩，锋利的刀剑，作战时一人抵抗一百人，那是根本不必说的。凭韩军的坚强有力和大王的贤能，竟然想要西去事奉秦国，自称为东方的藩臣，替秦王建筑行宫，接受秦制冠带，春秋供奉祭品，自缚臂膀去臣服秦国。使国家受到羞辱，而且招致天下诸侯的耻笑，这太过分了。所以希望大王要深思熟虑。

"大王若要去侍奉秦国，秦王必定要求得到宜阳和成皋。如果现在奉献上去，第二年又越发要求割让土地。如果继续割让就将无地可给；不予割让就将前功尽弃，而且往后更要遭受秦国侵害。况且大王的土地有割尽的时候，然而秦国的需索却无止境。用有尽的土地去应付无穷的需索，这就是所谓自己去购买怨恨和灾祸，连一仗都没打土地就快割光了。臣知道有句俗语说：'宁肯当鸡嘴，也不作牛腚。'现在大王竟然拱手西去臣事秦国，这和作牛股有什么不同？所以凭大王的贤能，又拥有强大的韩国精兵，却蒙上了'作牛腚'的丑名，我真为大王感到羞愧。"

韩王涨红了脸，按着宝剑仰天长叹道："我就算是死了，也不可能事奉秦国。先生把楚王的尊意告诉我，我完全同意合纵联盟。"

张仪为秦连横说韩王

张仪为秦连横说韩王曰："韩地险恶，山居，五谷所生，非麦而豆①；民之所食，大抵豆饭藿羹②；一岁不收，民不厌糟糠③；地方不满九百里，无二岁之所食。料大王之卒，悉之不过三十万，而厮徒负养在其中矣④，为除守徼亭鄣塞⑤，见卒不过二十万而已矣。秦带甲百余万，车千乘，骑万匹，虎贲之士⑥，跿跔科头⑦，贯颐奋戟者⑧，至不可胜计也。秦马之良，戎兵之众，探前趹后，蹄间三寻者⑨，不可称数也。山东之卒，被甲冒胄以会战，秦人捐甲徒裼以趋敌⑩，左挈人头，右挟生虏。夫秦卒之与山东之卒也，犹孟贲之与怯夫也；以重力相压，犹乌获之与婴儿也。夫战孟贲、乌获之士，以攻不服之弱国，无以异于堕千钧之重，集于鸟卵之上，必无幸矣。诸侯不料兵之弱，食之寡，而听从人之甘言好辞，比周以相饰也，皆言曰：'听吾计则可以强霸天下。'夫不顾社稷之长利，而听须臾之说，诖误人主者，无过此者矣。"

"大王不事秦，秦下甲据宜阳，断绝韩之上地，东取成皋、宜阳，则鸿台之宫、桑林之苑，非王之有已。夫塞成皋，绝上地，则王之国分矣。先事秦则安矣，不事秦则危矣。夫造祸而求福，计浅而怨深，逆秦而顺楚，虽欲无亡，不可得也。故为大王计，莫如事秦。秦之所欲莫如弱楚，而能弱楚者莫如韩。非以韩能强于楚也，其地势然也。今王西面事秦以攻楚，为敝邑，秦王必喜。夫攻楚而私其地，转祸而说秦，计无便于此者也。是故秦王使使臣献书大王御史，须以决事。"韩王曰："客幸而教之，请比郡县，筑帝宫，祠春秋，称东藩，效宜阳。"

【注释】

① 而：犹则，就是。王引之《经传释词》："而，犹则也。"

② 藿（huò或）：豆叶。

③ 厌：同"餍"，饱。

④ 厮徒负养：杂役和苦力。郭希汾本："厮徒，谓杂役之贱者。负养，谓负担以给养公家，亦贱人也。"

⑤ 徼亭：边境上的了望亭。鄣塞：即障塞，指边境上险要的堡垒。鄣同"障"。

⑥ 虎贲（bēn奔）之士：指勇士。

⑦ 跿（tú徒）跔（jū居）：腾跳踊跃。科头：犹言空头，光着头，指不戴头盔。

⑧ 贯颐：被箭射穿了面颊。贯，射中，射穿。颐，面颊。一说，为双手捧脸。《史记·索引》："两手捧颐而直入敌，言其勇。"一说，为拉满弓。贯，读为"弯"。颐，为弓名。郭人民本："贯，读为'弯'，谓满弓也。颐，《广韵》作'弓臣'，弓名。"

⑨ 寻：八尺为一寻。

⑩ 裎：赤裸着身体。鲍本："裎，裸也。"孟贲：勇士的名字。乌获：勇士的名字。

【解读】

张仪为了替秦国组织连横盟约，去游说韩王说："韩国地势险恶，百姓多半住在山野，五谷之中，只生产麦子和豆子；所以百姓所吃的东西，多是豆饭或豆叶羹；只要一年没有收成，百姓连酒糟和谷皮都吃不饱。土地方圆还不到九百里，存粮不够两年之用。估计大王的军队，总共也不过30万人，包括杂兵和苦力在内，戍守要塞堡垒的士兵更不会超过20万。而秦国精锐部队就有100多万人，兵车有1000多辆，战马有1万多匹。勇猛的士卒，奔腾跳跃，高擎战戟，甚至不戴铠甲冲入敌阵的，不可胜数。秦国战马优良，士兵众多，战马探起前蹄蹬起后腿，四蹄一跃可达24尺，这样的战马也不可胜数。崤山以东的诸侯军队，就是披甲戴盔来会战，秦兵即使扔掉甲胄赤身裸体，也可以击败敌人，左手提着人头，右臂挟着俘虏。

"秦兵和山东诸侯兵相比，就好像用勇士孟贲对付懦夫一般；再以重兵相压，就好像用大力士乌获对付婴儿一般。用乌获和孟贲这样的勇士，去攻打不服的弱小国家，等于把千钧重的力量压在鸟蛋上，自然没有幸免粉碎之理。天下诸侯不能估计自己兵力的软弱，粮食的缺乏，而一味听信主张合纵的人的胡言，他们结党营私互相欺骗说：'只要采纳我的献策，就可称霸天下。'并不顾及国家的长久利益，只听一时的无稽之谈，欺骗别国的君主，再也没有比这更厉害的了。假如大王不臣事秦国，秦国就出兵占据宜阳，切断韩国上党的交通；东面占领成皋和宜阳，那鸿台宫和桑林御苑，就不再为大王所有了。假如成皋被封锁，上党被截断，那么大王的国家就被分割了。假如大王肯臣服于秦国，大王的韩国就会安然无恙；假如大王不臣事秦国，那大王的韩国就危险了。到灾祸中去寻求幸福，计谋短浅为祸太深。假如违背秦国而顺从楚国，那大王的韩国即使不想灭亡也办不到了。所以臣替大王考虑,不如西去臣服于秦国。秦的最大愿望就是削弱楚国,而能削弱楚国的莫过于韩国。这并不是说韩国比楚国强大,而是说韩国的地势使它具有优势。

"现在假如大王能西去臣事秦国攻打楚国,那秦王必然非常高兴。攻打楚国而占领楚岭,不但转祸为福,而且取悦秦王,任何计策也没有比这更好的了。所以秦王才派我张仪为使臣,献书给大王的御史,但愿大王能有明智的裁决!"

韩王说:"感谢客卿的指教,寡人愿意把韩国作为秦国的郡县,为秦王修筑行宫,春秋助祭,做东面的藩臣,并且把宜阳献给秦国。"

秦韩战于浊泽

秦、韩战于浊泽①,韩氏急。公仲朋谓韩王曰②:"与国不可恃,今秦之心欲伐楚,王不如因张仪为和于秦,赂之一名都,与之伐楚,此以一易二之计也③。"韩王曰:"善。"乃儆公仲之行④,将西讲于秦。楚王闻之⑤,大恐,召陈轸而告之。陈轸曰:"秦之欲伐我久矣,今又得韩之名都一而具甲,秦、韩并兵南向,此秦所以庙祠而求也。今已得之矣,楚国必伐矣⑥。王听臣，为之儆四境之内，选师言救韩，令战车满道路。发信臣⑦，多其车，重其币，使信王之救已也。韩为不能听我⑧，韩必德王也，必不为雁行以来。是秦、韩不和，兵虽至楚，国不大病矣。为能听我，绝和于秦，秦必大怒，以厚怨于韩。韩得楚救，必轻秦；轻秦，其应秦必不敬。是我困秦、韩之兵而免楚国之患也。"楚王大说，乃儆四境之内，选师言救韩，发信臣，多其车，重其币。谓韩王曰："敝邑虽小，已悉起之矣。愿大国遂肆意于秦，敝邑将以楚殉韩⑨。"

韩王大说，乃止公仲。公仲曰："不可。夫以实苦我者⑩，秦也；以虚名救我者，楚也。恃楚之虚名，轻绝强秦之敌，必为天下笑矣。且楚、韩非兄弟之国也，又非素约而谋伐秦矣。秦欲伐楚，楚因以起师言救韩，此必陈轸之谋也。且王已使人报于秦矣，今弗行，是欺秦也。夫轻强秦之祸，而信楚之谋臣，王必悔之矣。"韩王弗听，遂绝和于秦。秦果大怒，兴师与韩氏战于岸门，楚救不至，韩氏大败。韩氏之兵非弱也，民非蒙愚也，兵为秦禽，智为楚笑，过听于陈轸，失计于韩朋也。

【注释】

① 浊泽：韩国地名，在今河南长葛县西。

② 朋：姚本作"明"，鲍本："'明'作'朋'。"从鲍本。韩王：指韩宣惠王。

③ 以一易二之计：犹言用一失换取二得的计策，此处指韩

国用失去一个大都邑来换取秦国不进攻韩国和秦国同韩国一道攻打楚国两项好处。

④ 儆（jǐng景）：告诫，嘱咐。

⑤ 楚王：指楚怀王。

⑥ 必伐：此指必被伐。

⑦ 信臣：亲信的使臣。一说，信守使命的大臣。郭希汾本："信臣，谓守命之臣。"一说，传达王命的使臣，孟庆详本："信臣，传达王命的使臣。"

⑧ 韩为不能听我：姚本此句"韩"字前有"纵"字，鲍本无，从鲍本。

⑨ 以楚殉韩：用楚国陪韩国死战。殉，为……而死。

⑩ 苦：姚本作"告"，帛书作"苦"，从帛书。已：姚本作"以"，鲍本作"已"，从鲍本。岸门：地名，在今河南许昌东北。朋：姚本作"明"，鲍本作"朋"，从鲍本。

【解读】

秦国和韩国在浊泽交战，韩国形势危急。公仲朋对韩王说："盟国靠不住。现在秦国的意图是讨伐楚国，大王不如通过张仪向秦国求和，把一座名城送给他，跟他一起讨伐楚国，这是用一失换取二利的计策。"韩王说："好。"于是告诫公仲朋出发，准备西行跟秦国讲和。

楚王听说此事，特别害怕，便召来陈轸把此事告诉他。陈轸说:"秦国想要讨伐我国已有很久了,如今又得到韩国的一座名城而且具备兵力,秦国和韩国合兵向南开拔,这是秦国在宗庙祭祖所祈求的事情。现在已经得到机会了,楚国一定得被讨伐了。大王就听我的意见,为此在四境之内严加警戒,发动军队声言援救韩国,使战车布满道路;再派出信守王命的使臣,多给他们车辆,多带厚重礼物,使韩国相信大王是援救自己的。如果韩国不能听从我们,韩国也一定会感激大王,一定不会作为先锋来攻打我们。这样秦国和韩国不和,他们的军队即使来到,楚国也不会受到严重损伤了。韩国如果能够听从我们,拒绝跟秦国讲和,秦王一定大为不满,跟韩国结下深仇。韩国得到楚国援救,一定轻视秦国,轻视秦国,对待秦国一定不会恭敬。这样我们就困住了秦国和韩国的兵力,从而免除了楚国的祸患。"

楚王特别高兴,便在四境之内加强戒备,发动军队声言援救韩国,派遣信守王命的使臣,多给他们车辆,多带厚重礼物。使臣对韩王说:"敝国虽然很小,已经完全动员起来了。希望贵国随心所欲地对待秦国,弊国将使楚军为韩国拼死作战。"

韩王特别高兴,便阻止公仲朋出使秦国。公仲朋说:"不行,用实力困扰我们的是秦国,用空话救助我们的是楚国。倚仗楚国的空话,轻易拒绝强秦这样的对手,必定被天下人笑话了。况且楚国和韩国也不是兄弟之国,又不是预先约定而策划讨伐秦国的。秦国打算讨伐楚国,楚国趁机发动军队声言援救韩国,这一定是陈轸的计谋。再说大王已经派人向秦国通报言和了,如果不实行，这是欺骗秦国。轻视强秦的灾祸，相信楚国的谋臣，大王一定会为此而后悔的。"韩王不听，便拒绝跟秦国言和。秦王果然大怒，发动军队跟韩国在岸门决战，楚国的救兵没到，韩国彻底失败。

韩国的军队并不软弱，人民并不蒙昧愚笨，然而士兵被秦军俘虏，智谋被楚人取笑，过错就在于听信了陈轸的胡言，没有采纳公仲朋的主张。

韩策二

公仲为韩魏易地

公仲为韩、魏易地,公叔争之而不听,且亡。史惕谓公叔曰①:"公亡,则易必可成矣。公无辞以复返②,且示天下轻公,公不若顺之。夫韩地易于上则害于赵③,魏地易于下则害于楚④。公不如告楚、赵,楚、赵恶之。赵闻之,起兵临羊肠⑤;楚闻之,发兵临方城⑥,而易必败矣。"

【注释】

① 史惕:周朝大臣,史佚的后代。
② 复:姚本作"后",鲍本作"复",从鲍本。
③ 上:北为上方,此指韩国北面的魏国。
④ 下:南为下方,此指魏国以南的韩国。
⑤ 羊肠:见《西周策·韩魏易地》注。
⑥ 方城:见《西周策·楚请道于二周之间》注。

【解读】

韩相国公仲为韩、魏两国交换土地，公叔劝阻公仲，公仲不听，公叔便想要离开韩国。史惕对公叔说："您要是出走，韩、魏两国交换土地就一定成功。那时您没有借口再又返回，而且表明您被诸侯轻视，因此您不如顺水推舟。如果韩国换得了魏国的上党，就会损害赵国；如果魏国换得了韩国的南阳、郑地、三川，就会损害楚国。您不如把这事告诉楚国和赵国。楚国和赵国将会担忧。赵国听说后，会出兵逼羊肠；楚国听说后，会出兵开到方城。这样，韩、魏换地之事就会失败了。"

韩傀相韩

韩傀相韩①，严遂重于君②，二人相害也。严遂政议直指③，举韩傀之过。韩傀以之叱之于朝④，严遂拔剑趋之，以救解。于是严遂惧诛，亡去，游求人可以报韩傀者。至齐，齐人或言："轵深井里聂政⑤，勇敢士也，避仇隐于屠者之间。"严遂阴交于聂政，以意厚之。聂政问曰："子欲安用我乎？"严遂曰："吾得为役之日浅，事今薄⑥，奚敢有请？"于是严遂乃具酒，筋聂政母前。仲子奉黄金百镒⑦，前为聂政母寿。聂政惊，愈怪其厚，固谢严仲子。仲子固进，而聂政谢曰："臣有老母，家贫，客游以为狗屠，可旦夕得甘脆以养亲，亲供养备，义不敢当仲子之赐。"严仲子辟人⑧，因为聂政语曰："臣有仇，而行游诸侯众矣。然至齐，闻足下义甚高，故直进百金者，特以为夫人粗粝之费⑨，以交足下之欢，岂敢以有求邪？"聂政曰："臣所以降志辱身，居市井者，徒幸而养老母。老母在，政身未敢以许人也。"严仲子固让，聂政竟不肯受。然仲子卒备宾主之礼而去。

久之，聂政母死，既葬，除服。聂政曰："嗟乎！政乃市井之人，鼓刀以屠，而严仲子乃诸侯卿相也，不远千里，枉车骑而交臣，臣之所以待之至浅鲜矣，未有大功可以称者，而严仲子举百金为亲寿，我虽不受，然是深知政也。夫贤者以感忿睚眦之意，而亲信穷僻之人，而政独安可嘿然而止乎？且前日要政，政徒以老母。老母今以天年终，政将为知己者用。"

遂西至濮阳，见严仲子曰："前所以不许仲子者，徒以亲在。今亲不幸，仲子所欲报仇者为谁？"严仲子具告曰："臣之仇韩相傀。傀又韩君之季父也，宗族盛，兵卫设，臣使人刺之，终莫能就。今足下幸而不弃，请益具车骑壮士，以为羽翼。"政曰："韩与卫，中间不远，今杀人之相，相又国君之亲，此其势不可以多人。多人不能无生得失，生得失则语泄，语泄则韩举国而与仲子为仇也，岂不殆哉！"遂谢车骑人徒，辞，独行仗剑至韩。韩适有东孟之会，韩王及相皆在焉，持兵戟而卫者甚众。聂政直入，上阶刺韩傀。韩傀走而抱哀侯，聂政刺之，兼中哀侯，左右大乱。聂政大呼，所杀者数十人。因自皮面抉眼，自屠出肠，遂以死。

韩取聂政尸暴于市，县购之千金，久之莫知谁子。政姊闻之，曰："弟至贤，不可爱妾之躯，灭吾弟之名，非弟意也。"乃之韩，视之曰："勇哉！气矜之隆，是其轶贲、育而高成荆矣。今死而无名，父母既殁，兄弟无有，此为我故也。夫爱身不扬弟之名，吾不忍也。"乃抱尸而哭之曰："此吾弟轵深井里聂政也。"亦自杀于尸下。晋、楚、齐、卫闻之曰："非独政之能，乃其姊者亦列女也。"聂政之所以名施于后世者，其姊不避菹醢⑩之诛以扬其名也。

【注释】

① 韩傀：见《魏策四·秦王使人谓安陵君》注。

② 严遂：字仲子，韩国大臣。

③ 政：同"正"。鲍本："'政'，'正'同。"

④ 以之：犹言因此。

⑤ 轵（zhǐ纸）深井里：地名，在今河南济源县南。郭希汾本："今河南济源县南有轵村，村有深井里。"

⑥ 薄：迫近。

⑦ 镒（yì益）：古代重量单位，二十四两为一镒；一说，

二十两为一镒。

⑧ 辟：同"避"。

⑨ 粗粝（lì厉）：粗米。

⑩ 菹（zū租）醢（hǎi海）：古代酷刑之一，把人剁成肉酱。

【解读】

韩傀做韩国相国的时候，严遂也受到了韩王的重用，两个人彼此忌恨。严遂议事公正，直接指斥韩傀的行为，列举韩傀的过失。韩傀于是就在朝廷上叱骂他，严遂拔出宝剑追杀韩傀，由于别人的救助才解了围。于是严遂害怕被韩傀杀害，逃出韩国，游荡在外，寻找可以向韩傀报仇的人。到了齐国，齐国有人说："轵地深井里的聂政，是一个勇士，躲避仇人隐藏在屠夫之中。"严遂就暗中与聂政交往，有意厚待他。聂政问严遂说："您想让我干什么？"严遂说："我为您效劳的日子还很短，与您的交情还很浅薄，怎么敢有所求呢？"于是严遂就准备酒菜，向聂政母亲敬酒。严遂又拿出百镒黄金，为聂政母亲祝寿。聂政很吃惊，更加奇怪他何以厚礼相待，坚决辞谢严遂的盛情。严遂坚持进献，聂政辞谢说："我有老母亲，家中贫寒，游荡他乡，以杀狗为业，能够早晚得到些甜美香软的食物奉养老母，母亲的供养已经够用，按情理实在不敢接受您的赏赐。"严遂避开周围的人，于是对聂政说："我有仇要报，曾游访过许多诸侯国。这样到了齐国，听说您很讲义气，所以直接送上百金，也只不过是作为老夫人粗茶淡饭的费用，好让足下高兴，怎敢有什么要求呢？"聂政说："我所以降低志向，辱没身份，隐居在市井之中，只是为奉养老母。老母活着，我的生命不敢交给别人。"严遂极力推让，聂政始终不肯接受礼物。然而严遂还是完成了宾主之礼才离开。

过了很久，聂政的母亲死了，安葬完毕，除去了丧服。聂政说："唉！我只是个市井平民，动刀杀畜罢了，而严遂却是诸侯的卿相，他不远千里，委屈车马来结交我，我对待他的情分，太浅薄了，没有可以称道的大功劳，而严遂却拿出百金为我的母亲祝寿，我虽然没有接受，然而他是深深理解我的人。贤德的人因为心中有令人激愤、怒目而视的仇恨，而来亲近穷困僻远的人，我怎么可以默然不动呢？况且严遂以前约请我，我只是因为有老母。老母如今已享尽天年，我将为知己者报仇。"于是向西到了濮阳，见到严遂说："从前没有答应您的原因，只是因为老母还在。如今老母不幸谢世，请问您想报仇的人是谁？"严遂把全部情况都告诉聂政说："我的仇人，是韩国相国韩傀，韩傀又是韩王的叔父，庭院庞大，卫兵设置严密，我曾派人刺杀他，一直没能成功。现在有幸承蒙您不抛弃我，请让我为您多准备车马、壮士作为随从。"聂政说："韩国与卫国之间相距不远，如今去杀人家的相国，相国又是韩王的至亲，在这种形势下不可以多带人，人多了不能保证不出差错，出了差错就会泄露秘密，泄露秘密就会使韩国举国上下与您为仇,岂不是危险了!"于是辞谢了车马随从,告别而去,独自持剑来到韩国。恰逢韩国在东孟举行盛会,韩王和相国韩傀都在那里,手持武器护卫的人很多。聂政径直闯入,奔上台阶刺杀韩傀。韩傀逃跑抱住了韩哀侯,聂政用剑刺他,同时刺中了哀侯,左右的人大乱。聂政大吼,被他杀死的人有几十个,于是聂政自己刺烂脸面,挖出眼睛,自己剖腹,流出了肠子,很快就死去了。

韩国把聂政暴尸在市场上,悬赏千金想知道他的名字,过了很久,没有人知道他究竟是谁。聂政的姐姐听说后,说:"我的弟弟非常贤能,我不应该吝惜自己的身躯,而埋没了弟弟的英名,虽然这并不是弟弟的本意。"于是她来到韩国,看到聂政的尸体说:"勇敢啊!浩气雄壮,这样壮烈的行为超过了孟贲、夏育,高过了成荆。现在弟弟死了,却没留下名字,父母已经去世,又没有其他兄弟,弟弟这样做是为了不牵连我的缘故啊。吝惜自己的身躯而不传扬弟弟的英名,我不忍心这样做。"她就抱着聂政的尸体哭着说:"这是我的弟弟,轵地深井里的聂政。"也自杀在聂政的尸体旁。

晋、楚、齐、卫等国的人听说后,都说:"不只是聂政勇敢,就是他的姐姐也是一个刚烈女子。"聂政所以能名传后世,是因为他的姐姐不怕自己被剁成肉酱而传扬他的名声。

韩策三

韩相公仲朋使韩珉之秦

韩相公仲朋使韩珉之秦①，请攻魏，秦王说之②。韩珉在唐③，公仲朋死。韩珉谓秦王曰："魏之使者谓后相韩辰曰④：'公必为魏罪韩珉。'韩辰曰：'不可。秦王仕之，又与约事。'使者曰：'秦之仕韩珉也，以重公仲也。今公仲死，韩珉之秦，秦必弗入⑤。又奚为挟之以恨魏王乎？'韩辰患之，将听之矣。今王不召韩珉，韩珉且伏于山中矣。"秦王曰："何意寡人如是之权也！今安伏⑥？"召韩珉而仕之。

【注释】

① 公仲朋使韩珉：姚本此句作"公仲珉使韩侈"，缪文远本："此'珉'为'佣'之讹，而'韩侈'之'侈'则又'珉'之讹也。"公仲佣即公仲朋，从缪说。标题及下文中"公仲珉"，"韩侈"均从缪说改为"公仲朋"、"韩珉"。

② 秦王：指秦昭王。

③ 唐：地名，今地不详；一说在今河南洛阳东北。

④ 韩辰：韩国相国。

⑤ 秦必弗入：姚本此句后有"入"字，鲍本无"入"字，从鲍本。

⑥ 今：姚本作"令"，黄丕烈《札记》："'令'当作'今'。"从黄说。

【解读】

韩相公仲朋，派韩珉前往秦国，请求秦国出兵攻魏，秦王欣然接受。当时韩珉在唐，不料公仲朋死了，韩珉的使者对秦王说："魏国使者对后任宰相韩辰说：'您一定替魏国处罚韩珉。'韩辰说：'不可以，秦王给他官做，又和他相约出兵攻打魏国。'使者说：'秦王给韩珉官做，乃是尊重公仲朋，现在公仲朋已经死了，韩珉再到秦国去，秦国必然不让他入境。秦国准许他入境，为何又利用韩珉来敌视魏王呢？'韩辰很担心，准备同意使者的意见。现在君王如果不召见韩珉，韩珉就要隐居到山中。"秦王说："为什么要认为我这么多变呢？怎能让韩珉伏隐山中？"就召韩珉而任命官职。

秦招楚而伐齐

秦招楚而伐齐，冷向谓陈轸曰："秦王必外向①。楚之齐者②，知西不合于秦，必且务以楚合于齐。齐、楚合，燕、赵不敢不听。齐以四国敌秦，是齐不穷也。"向曰："秦王诚必欲伐齐乎？不如先收于楚之齐者，楚之齐者先务以楚合于齐，则楚必即秦矣。以强秦而有楚③，则燕、赵不敢不听，是齐孤矣。向请为公说秦王。"

【注释】

① 外向：向外联合别国，此指不专一与楚国联合。鲍本："言合他国，不一于楚。"

② 楚之齐者：指楚国内部与齐国亲善的人。

③ 以强秦而有楚：姚本作"以强秦而有晋、楚"，鲍本认为衍"晋"字，从鲍本。

【解读】

秦国联合楚国攻打齐国，冷向对陈轸说："秦王必将联合其他国家背叛楚国，楚人中亲齐的知道不能和秦相合，必然努力使楚国和齐国联合。齐楚结盟之后，燕、赵将不敢不服从。齐联合四国之力抵抗秦国，那齐国就不会屈服了。"冷向说："秦王如果一定要攻打齐国，不如先拉拢亲齐的楚人，亲齐的楚人虽然要先以楚联齐，如今楚必然背弃齐国而响应秦国，到那时楚国必定跟秦国结合在一起。以强大的秦国又有韩、楚两国的辅佐，那燕、赵两国就不能不听秦的号令，从此齐国势将孤立。我愿意为阁下西去劝说秦王。"

建信君轻韩熙

建信君轻韩熙①，赵敖为谓建信君曰②："国形有之而存，无之而亡者，魏也。不可无而从者，韩也。今君之轻韩熙者，交善楚、魏也。秦见君之交反善于楚、魏也，其收韩必重矣。从则韩轻，横则韩重，则无从轻矣。韩出兵于三川，则南围鄢、蔡、邵之道不通矣③。魏急，其救赵必缓矣。秦举兵破邯郸，赵必亡矣。故君收韩可以无虙④。"

【注释】

① 建信君：赵国大臣，为赵王所宠幸。韩熙：韩国大臣。
② 赵敖：赵国人。建信君：姚本作"建信侯"，鲍本作"建信君"，从鲍本。

③ 鄢：即鄢陵，在今河南鄢陵县。蔡：即上蔡，在今河南上蔡县。邵：即召陵，在今河南郾城县。

④ 璺：同"衅"，漏洞。

【解读】

赵国宠臣建信君轻视韩熙，赵敖为韩熙对建信君说："从赵国的形势来看，有了它就会使赵国保存，失掉它就会使赵国灭亡，它就是魏国，要想组织合纵联盟必须有韩国。现在阁下轻视韩熙，是为了与楚、魏两国建立友好关系。秦国发现阁下在邦交上反而与楚、魏两国友好，他必然着力于联合韩国。组织合纵联盟，韩国国家小就无足轻重；组织连横阵线，韩国距秦近就必被秦国看重。这样，韩国就不会选择使自己处于无足轻重的那条路。如果秦国出兵韩国的三川，南下包围魏国的鄢陵，那么，就会切断上蔡、邵陵的通道。魏国形势危急，他救赵就不会积极。秦国出兵进攻邯郸，赵国必亡。所以阁下联合韩国，秦国要进攻赵国，就无空子可钻。"

燕策一

苏秦将为从北说燕文侯

苏秦将为从，北说燕文侯曰："燕东有朝鲜、辽东①，北有林胡、楼烦②，西有云中、九原③，南有呼沱、易水④。地方二千余里，带甲数十万，车七百乘，骑六千匹，粟支十年。南有碣石、雁门之饶⑤，北有枣栗之利⑥，民虽不由田作，枣栗之实足食于民矣，此所谓天府也。夫安乐无事，不见覆军杀将之忧，无过燕矣。大王知其所以然乎？夫燕之所以不犯寇被兵者，以赵之为蔽于南也。秦、赵五战，秦再胜而赵三胜。秦、赵相弊，而王以全燕制其后，此燕之所以不犯难也。且夫秦之攻燕也，逾云中、九原，过代、上谷⑦，弥地踵道数千里⑧，虽得燕城，秦计固不能守也，秦之不能害燕亦明矣。今赵之攻燕也，发兴号令，不至十日，而数十万之众军于东垣矣⑨。度呼沱，涉易水，不至四五日，距国都矣⑩。故曰，秦之攻燕也，战于千里之外；赵之攻燕也，战于百里之内。夫不忧百里之患，而重千里之外，计无过于此者。是故愿大王与赵纵亲，天下为一，则国必无患矣。"

燕王曰："寡人国小，西迫强秦，南近齐、赵。齐、赵，强国也，今主君幸教诏之，合纵以安燕，敬以国从。"于是赍苏秦车马金帛以至赵。

【注释】

① 朝鲜：指今朝鲜半岛。辽东：地名，在今辽宁辽阳一带。

② 林胡、楼烦：见《赵策二·武灵王平昼间居》注。

③ 云中：见《赵策二·苏秦从燕之赵始合纵》注。九原：地名，在今内蒙古包头市以西。

④ 呼沱：水名，见《秦策一·张仪说秦王》注。易水：水名，源出河北易县，有北、中、南三支，汇合后入南拒马河。

⑤ 碣石：山名，在今河北昌黎县。雁门：地名，在今山西右玉县。

⑥ 粟：姚本作"栗"，《史记》、鲍本均作"粟"，从《史记》、鲍本。

⑦ 代：见《秦策一·苏秦始将连横》。上谷：见《秦策五·文信侯欲攻赵以广河间》注。

⑧ 弥地踵道：满地足迹的道路。

⑨ 东垣：地名，在今河北石家庄市东。

⑩ 距：到达。

【解读】

苏秦准备组织合纵联盟，北上游说燕文侯说："燕国东边有朝鲜、辽东，北边有林胡、楼烦，西边有云中、九原，南边有呼沱、易水。土地方圆有2000多里，战士有数十万，战车有700辆，战马有6000匹，粮食够吃10年。南有碣石、雁门富饶的物产，北有大枣、板栗丰饶的收成，人民虽不耕种，枣、栗的果实也足够人民吃饱。这就是所谓'天府之国'啊。国家安乐无事，没有军队被打败、将帅被杀戮的祸患。没有哪个国家能比得上燕国。大王知道为什么会是这样吗？燕国没有遭受敌兵侵扰，是由于赵国做了燕国南面屏障。秦、赵如果发生五次战争，秦国两胜，而赵国三胜，秦、赵两国互相削弱了，而大王您却在他们的后边掌管着一个没有任何损伤的燕国，这就是燕国没有受敌兵侵扰的原因。

"况且秦国要是进攻燕国，必须越过云中、九原，经过代郡、上谷。得走几千里遥远的路程，即使得到燕国的城邑，秦国也会考虑到本来不能守住，秦国不能侵害燕国也是很明显的。如果赵国要进攻燕国，一发号令，不到十天，几十万大军就可进驻东垣。渡过呼沱和易水，不到四、五天，就可以兵临燕都。所以说：秦国攻打燕国，必须在千里之外作战；赵国攻打燕国，只在百里之内作战。不担忧百里之内的祸患却重视千里之外的敌人，没有比这更失策的了。所以，希望大王和赵国结成合纵联盟，诸侯团结一致,燕国就一定不会有什么祸患。"

燕王说:"敝国是个小国,西近秦国,南近齐国、赵国。齐国和赵国都是强国。现在承蒙您的教导,组织合纵联盟来安定燕国,我完全同意参加联盟。"于是,燕王赠送给苏秦车、马、金、帛而去赵国。

张仪为秦破从连横谓燕王

张仪为秦破从连横,谓燕王曰:"大王之所亲莫如赵。昔赵王以其姊为代王妻①,欲并代,约与代王遇于句注之塞②,乃令工人作为金斗③,长其尾,令之可以击人。与代王饮,而阴告厨人曰:'即酒酣乐,进热歠④,即因反斗击之。'于是酒酣乐,进取热歠,厨人进斟羹,因反斗而击之,代王脑涂地。其姊闻之,摩笄以自刺也⑤,故至今有摩笄之山⑥,天下莫不闻。夫赵王之很戾无亲⑦,大王之所明见知也。且以赵王为可亲邪?赵兴兵而攻燕,再围燕都而劫大王,大王割十城乃却以谢。今赵王已入朝渑池⑧,效河间以事秦⑨。大王不事秦,秦下甲云中、九原,驱赵而攻燕,则易水、长城非王之有也⑩。且今时赵之于秦,犹郡县也,不敢妄兴师以征伐。今大王事秦,秦王必喜,而赵不敢妄动矣。是西有强秦之援，而南无齐、赵之患，是故愿大王之熟计之也。"燕王曰："寡人蛮夷辟处，虽大男子裁如婴儿，言不足以求正，谋不足以决事。今大客幸而教之，请奉社稷西面而事秦，献常山之尾五城。"

【注释】

① 赵王：指赵襄子，当时并未称王。代王：指代君，当时代君也没称王。代，在今河北蔚县东北。

② 句注：山名，在今山西代县。

③ 金斗：铜制的酒器。

④ 歠（chuò辍）：羹汤。

⑤ 摩笄（jī鸡）：磨尖簪子。摩，通"磨"。笄，簪子。

⑥ 摩笄山：山名，在今河北涿鹿县东北。

⑦ 赵王：指赵武灵王。狼戾（lì利）：像狼一样贪戾。

⑧ 渑池：见《齐策一·张仪为秦连横齐王》注。

⑨ 河间：见《秦策一·张仪说秦王》注。

⑩ 长城：指燕国南部的长城，在今河北易县西南一带。

【解读】

张仪为秦国瓦解合纵联盟组织连横阵线，对燕王说："大王最亲近的诸侯莫过于赵国，从前赵襄子把他的姐姐嫁给代国国王为妻。目的是想要吞并代国，他约定和代王在边塞句注会晤。

就要工匠做了一把金属的大勺子,把勺子把儿做长一些,可以用来打人。赵襄子和代王宴饮,事先暗中告诉厨师说:'等到酒兴正浓的时候,端上热汤。立即翻倒,用勺底打死代王。'当时,酒兴正浓,厨师就端上热汤,在接热汤的时候,厨师上前倒出热汤,乘势倒翻,用勺底打死了代王,代王的脑浆溅了一地。他的姐姐听说后,把自己的簪子磨尖自杀而死,所以到现在还有个摩笄山,天下无人不知。

"那赵武灵王心狠手辣,六亲不认,大王已清楚地了解。难道以为赵王是可以亲近的吗?赵国发兵进攻燕国,两次围困燕都,胁迫大王,大王割给他十城赔罪,这才撤兵。现在赵王已经到渑池去朝拜秦王,献上河间来讨好秦国。如果赵王不讨好秦国,秦国出兵云中、九原,迫使赵国进攻燕国,那么,易水、长城就不会为大王所有了。况且现在赵国对秦国来说,如同是秦国的一个郡县,不敢随便出兵征伐,如果大王投靠秦国,秦王一定高兴,而赵国又不敢轻举妄动。这样,燕国西边有强秦的援助,南边没有齐、赵的祸患。所以希望大王深思熟虑。"

燕王说:"我身处荒蛮僻野之地,虽是个男子汉,仅如婴儿一般,言论不可能要求正确,谋略不可能决断事情。现在承蒙贵宾教导。燕国愿意向西尊奉秦国。"于是把常山之东的五城献给秦国。

燕昭王收破燕后即位

　　燕昭王收破燕后即位，卑身厚币以招贤者，欲将以报仇。故往见郭隗先生曰①："齐因孤国之乱而袭破燕，孤极知燕小力少，不足以报，然得贤士与共国，以雪先王之耻，孤之愿也。敢问以国报仇者奈何？"郭隗先生对曰："帝者与师处，王者与友处，霸者与臣处，亡国与役处。诎指而事之②，北面而受学，则百己者至③。先趋而后息，先问而后嘿④，则什己者至。人趋己趋，则若己者至。冯几据杖，眄视指使⑤，则厮役之人至。若恣睢奋击，呴籍叱咄，则徒隶之人至矣⑥。此古服道致士之法也⑦。王诚博选国中之贤者而朝其门下，天下闻王朝其贤臣，天下之士必趋于燕矣。"

　　昭王曰："寡人将谁朝而可？"郭隗先生曰："臣闻古之君人有以千金求千里马者，三年不能得。涓人言于君曰⑧：'请求之。'君遣之。三月得千里马，马已死，买其首五百金，反以报君。君大怒曰：'所求者生马，安事死马而捐五百金⑨？'涓人对曰：'死马且买之五百金，况生马乎？天下必以王为能市马，马今至矣⑩。'于是不能期年，千里马至者三。今王诚欲致士，先从隗始，隗且见事，况贤于隗者乎？岂远千里哉？"于是昭王为隗筑宫而师之。乐毅自魏往，邹衍自齐往，剧辛自赵往，士争凑燕。燕王吊死问生，与百姓同其甘苦。二十八年，燕国殷富，士卒乐佚轻战。于是遂以乐毅为上将军，与秦、楚、三晋合谋以伐齐。齐兵败，闵王出走于外。燕兵独追北入至临淄，尽取齐宝，烧其宫室宗庙。齐城之不下者，唯独莒、即墨。

【注释】

① 郭隗（wěi委）：燕昭王的谋臣。

② 诎指：犹言折节。诎，通"屈"。吴师道补正鲍本曰："屈指，犹言折节。"

③ 百己者：指才能超过自己百倍的人。

④ 嘿：通"默"。

⑤ 眄（mian免）：斜视。

⑥ 恣睢：放纵，暴戾的样子。呴（hǒu吼）籍叱咄：蹦跳呵叱。呴，通"吼"，吼叫。籍，通"藉"，践踏。叱咄，大声呵叱。

⑦ 服道致士：服侍有道德的人，招致有才能的人。

⑧ 涓（juān娟）人：宫中负责扫除的官吏。

⑨ 捐：弃，犹言浪费。

⑩ 今：即，马上。不能期年：犹言不到一年。乐毅：中山国灵寿（今河北平山县东北）人，乐羊之后，燕昭王时为燕国大将，战功显赫。邹衍：又作驺衍，齐国人，战国末期哲学家，是阴阳家的代表，创立五德始终说及大九州说。

【解读】

燕昭王收拾了残破的燕国之后，登上了王位。他谦卑恭敬，以厚礼重金招聘贤才，准备依靠他们报仇雪耻。于是，他去见郭隗先生，说："齐国趁我国内乱，发动突然袭击，打败了燕国。我深知国小力弱，不可能报仇。然而如果能得到有才干的人，与他们共同管理国家，来洗雪先王的耻辱，这是我的愿望。请问要报国家的大仇，应该怎么办？"

郭隗先生回答说："成就帝业的国君，以贤者为师，同朝共事；成就王业的国君，以贤者为友，同朝共事；成就霸业的国君，以贤者为臣，同朝共事；亡国的国君，以贤者为奴仆，则不能保有国家。折节屈尊侍奉贤者，面向老师接受教导，那么，才干超过自己百倍的人就会到来；先于别人去劳役，后于别人去休息，先于别人向人求教，别人已经不求教了，自己还求教不止，那么，才干超过自己十倍的人就会到来；靠着几案，挂着手杖，颐指气使，指手画脚，那么，干杂活、服苦役的人就会到来；如果对人暴虐粗野，随便发怒，任意呵斥，那么，只有唯唯诺诺，惟命是从的犯人、奴隶就会到来。这些都是古代施行王道，招揽人才的办法。大王如果能够广泛选拔国内的人才，亲自登门拜访，天下人听说大王亲自拜访贤臣，天下的贤士一定都会奔赴燕国。"

昭王说："我应当拜访谁才合适呢？"郭隗先生说："我

听说，古代有个君王，想以千金求购千里马，经过三年，也没有买到，宫中有个内臣对国君说：'请让我去买吧'，国君就派他去。三个月后他找到了千里马，可是马已经死了，就以500金买了那匹死马的头，回来报告国君。国君大怒，说：'我要找的是活马，死马有什么用？还白白花了500金。'内臣回答说：'死马尚且肯花500金，更何况活马呢？天下人由此一定会认为大王喜欢千里马，那么千里马就会买到。'于是，不到一年，3匹千里马就送上门来。现在大王果真想招揽人才，就先从我开始吧；像我这样的人尚且被任用，何况比我更有才干的人呢？难道他们还会嫌千里为远而不到燕国来吗？"

在这时，燕昭王专为郭隗修建了宫宅，并且尊他为师。不久，乐毅从魏国来了，邹衍从齐国来了，剧辛从赵国来了，有才干的人都争先恐后地聚集到燕国，昭王悼念死去的人，安慰活着的人，同老百姓同甘共苦。28年后，燕国殷实富裕了，士兵生活安适，都乐意为国而战。于是，昭王就任命乐毅为上将军，与楚、秦、赵、魏、韩等国合谋讨伐齐国。齐国大败，齐闵王逃往国外。燕国的军队单独追击败逃的齐军，攻下齐都临淄，把那里的宝物全部掠去，烧毁了齐国的宫殿、宗庙。齐国的城邑没有被攻下的，只有莒和即墨两处。

燕策二

苏秦自齐使人谓燕昭王

苏秦自齐使人谓燕昭王曰①："臣间离齐、赵②，齐、赵已孤矣。王何不出兵以攻齐？臣请为王弱之。"燕乃伐齐攻晋③。令人谓闵王曰："燕之攻齐也，欲以复振古地也④。燕兵在晋而不进，则是兵弱而计疑也。王何不令苏子将而应燕乎？夫以苏子之贤，将而应弱燕，燕破必矣。燕破则赵不敢不听，是王破燕而服赵也。"闵王曰："善。"乃谓苏子曰："燕兵在晋，今寡人发兵应之，愿子为寡人为之将。"对曰："臣之于兵，何足以当之，王其改举⑤。王使臣也，是败王之兵而以臣遗燕也，战不胜，不可振也⑥。"王曰："行，寡人知子矣。"苏子遂将而与燕人战于晋下，齐军败，燕得甲首二万人。苏子收其余兵以守阳城⑦，而报于闵王曰："王过举，令臣应燕。今军败亡二万人，臣有斧质之罪⑧，请自归于吏以戮。"闵王曰："此寡人之过也，子无以为罪。"

明日，又使燕攻阳城及狸⑨。又使人谓闵王曰："日者⑩，齐不胜于晋下，此非兵之过，齐不幸而燕有天幸也。今燕又攻阳城及狸，是以天幸自为功也。王复使苏子应之，苏子先败王之兵，其后必务以胜报王矣。"王曰："善。"乃复使苏子，苏子固辞，王不听。遂将以与燕战于阳城。燕人大胜，得首三万。齐君臣不亲，百姓离心。燕因使乐毅大起兵伐齐，破之。

【注释】

① 苏秦：姚本作"苏代"，为燕昭王离间齐国的人应是苏秦，故改"苏代"为"苏秦"，郭人民本、缪文远本均持此说。

② 间：姚本作"闻"，鲍本作"间"，从鲍本。

③ 晋：当是齐国的某地，今地不详。

④ 振古：犹言收复失地。振，举，犹言收复。古，同"故"，指过去失去的土地。

⑤ 改举：犹言任用别人，指任用别人为将。

⑥ 振：解救。鲍本："振，救也。"

⑦ 阳城：地名，属燕国，在今河北唐县；一说，属齐国。在今河北完县。郭人民本："阳城：燕地名。……在今河北唐县东北。"缪文远本："阳城，齐邑，在今河北完县东南二十里。"

⑧ 斧质之罪：犹言杀头之罪。斧、质，为古代处人死刑用的砍头刑具。

⑨ 狸：郭人民本认为是燕国地名，在阳城附近。缪文远本认为是齐邑，在今河北任丘县东北。

⑩ 日者：犹言昔者，指前几天。天幸：上天的宠幸，犹言有上天的保佑。

【解读】

苏秦自齐派人对燕昭王说："臣已离间齐、赵，齐、赵已经孤立无援了，王何不出兵来攻齐？臣请为王来削弱它。"燕国于是伐齐兵临齐之晋邑。

苏秦派人对闵王说："燕国攻齐，是想要收复旧地。燕兵在晋而不能推进，则是兵力弱而计策不决。大王何不使苏秦领兵而袭燕呢？就拿苏秦的贤能领兵而袭击弱燕，燕军必破。燕破，那么赵就不敢不听命于王，这是大王破燕来降服赵啊。"闵王说："很好。"便对苏秦说："燕兵在晋，现在寡人发兵来袭击它，愿你给寡人做将领。"苏秦回答说："臣不善用兵，怎能胜任将领，请大王改派。大王使臣领兵，是败坏您的军队，而把臣当礼物送给燕。如打不赢，就不可挽救了。"王说："去吧，寡人了解你呀！"

苏秦遂领兵为将，而与燕军战于晋下。齐军战败，燕获得俘虏和首级2万人。苏秦收拾残兵，保守阳城，报告闵王说："蒙大王过分抬举，派臣袭燕。如今军队败亡，损失2万人，臣犯有杀头之罪，请自赴执法之吏来受刑。"闵王说："这是寡人的失误,不能算做你的罪过。"

过几日苏秦又使燕攻打阳城和狸二地。又让人对闵王说:"前些日子,齐国战败在晋地,这不是用兵的过错,是因为齐不走运而燕有上天的保佑。现在燕又攻阳城和狸,是把上天保佑当做自己的功劳。大王再使苏秦应战,苏秦上次让大王的军队吃败仗,其后必定勉力用打胜仗来报答大王。"王说:"好的。"于是又派苏秦应战,苏秦佯作固辞,齐王不答应。秦遂指挥齐兵与燕军战于阳城。燕人大胜,得首级3万。齐国君臣不亲,百姓离心。燕国趁此,使乐毅发大兵攻齐,遂破齐。

燕昭王且与天下伐齐

燕昭王且与天下伐齐,而有齐人仕于燕者,昭王召而谓之曰:"寡人且与天下伐齐,旦暮出令矣。子必争之,事之而不听,子因去而之齐。寡人有时复合①,且以因子而事齐。"当此时也,燕、齐不两立,然而常独欲有复收之之志若此也②。

【注释】

① 寡人有时复合:姚本此句后有"和也"二字,鲍本无,

从鲍本删掉。

② 复收：犹言复合，重新和好。

【解读】

燕昭王准备联合天下诸侯伐齐，就召见齐国在燕国做官的说："寡人就想联合天下诸侯攻打齐国，而且在最近就下令出兵，到那时你一定会劝我，假如我不听，你就会回齐国。假如寡人以后要和齐讲和时，寡人愿靠你来跟齐国谈判。"在当时，齐、燕属于势不两立的状态，然而燕昭王却一直有这种和齐国重建邦交的心情。

燕策三

齐韩魏共攻燕

　　齐、韩、魏共攻燕，燕使太子请救于楚。楚王使景阳将而救之①。暮舍，使左右司马各营壁地，已，稙表②。景阳怒曰："女所营者，水皆至灭表，此焉可以舍？"乃令徙。明日大雨，山水大出，所营者，水皆灭表，军吏乃服。于是遂不救燕而攻魏雍丘③，取之以与宋。三国惧，乃罢兵。魏军其西，齐军其东，楚军欲还，不可得也。景阳乃开西和门，昼以车骑，暮以烛见，通使于魏。齐师怪之，以为燕、楚与魏谋之，乃引兵而去。齐兵已去，魏失其与国，无与共击楚，乃夜遁。楚师乃还。

【注释】

① 楚王：指楚怀王。景阳：楚国名将。

② 稙表：树立标记。稙，同"植"，树立。表，用来区别

军队不同部分的标记。

③ 雍丘：地名，在今河南杞县。

【解读】

齐、韩、魏三国共同伐燕，燕派太子到楚求救。楚王使景阳为将，前去救燕。晚间止宿，命左右行军司马各自选择营地，完了，树立标志。景阳恼怒说："你们所选择之地，水来都得淹没。这怎可以止宿！"命令迁徙。第二天大雨，山水猛至，原所选择之地，水果然都淹没标志，军吏都很服气。

于是竟不去救燕，而去进攻魏的雍丘，并进而攻取宋。三国恐惧，遂罢伐燕之兵。魏军驻扎在楚军的西侧，齐军在它的东侧，楚军欲撤不能。景阳便开西和门，白日用车骑，夜晚用火炬，通使于魏。齐军感到蹊跷，以为燕、楚与魏在图谋自己，遂引兵而去。齐兵已撤，魏失去同盟国，没有人跟它共同击楚，乃夜间逃走。楚军遂得归还。

张丑为质于燕

张丑为质于燕①，燕王欲杀之，走且出境，境吏得丑。丑曰："燕王所为将杀我者②，人有言我有宝珠也，王欲得之，今我已亡之矣，而燕王不我信。今子且致我，我且言子之夺我珠而吞之，燕王必当杀子，刳子腹及子之肠矣③。夫欲得之君，不可说以利。吾要且死，子肠亦且寸断。"境吏恐而赦之。

【注释】

① 张丑：齐国大臣。

② 为：犹言以。

③ 刳（kū枯）：剖开。

【解读】

齐臣张丑在燕国做人质，燕王想把他杀掉，丑逃走将要出境，境吏将他擒获。张丑说："燕王所以将要杀死我，是因为有人说我有珠宝，燕王想要得到它。现在我已经把珠宝弄掉了，而燕王不相信。如今你要把我送回朝廷，我就说你夺走我的珠宝而把它吞掉，燕王必定杀了你，剖开你的肚腹和肠子。贪婪的君主，是不能用利害说动的。我是总得要死的，你的肠子也将要寸断。"境吏恐惧，遂把他放掉。

燕王喜使栗腹以百金为赵孝成王寿

　　燕王喜使栗腹以百金为赵孝成王寿①，酒三日，反报曰："赵民其壮者皆死于长平，其孤未壮，可伐也。"王乃召昌国君乐间而问曰②："何如？"对曰："赵，四达之国也，其民皆习于兵，不可与战。"王曰："吾以倍攻之，可乎？"曰："不可。"曰："以三可乎？"曰："不可。"王大怒。左右皆以为赵可伐，遽起兵六十万以攻赵，令栗腹以四十万攻鄗③，使庆秦以二十万攻代④。赵使廉颇以八万遇栗腹于鄗⑤，使乐乘以五万遇庆秦于代⑥，燕人大败，乐间入赵。燕王以书且谢焉，曰："寡人不佞，不能奉顺君意，故君捐国而去，则寡人之不肖明矣。敢端其愿⑦，而君不肯听，故使使者陈愚意，君试论之。语曰：'仁不轻绝，智不轻怨。'君之于先王也，世之所明知也。寡人望有非则君掩盖之⑧，不虞君之明罪之也；望有过则君教诲之，不虞君之明罪之也。且寡人之罪，国人莫不知，天下莫不闻，君微出明怨以弃寡人，寡人必有罪矣。虽然，恐君之未尽厚也。谚曰：'厚者不毁人以自益也，仁者不危人以要名。'以故掩人之邪者，厚人之行也；救人之过者，仁者之道也。世有掩寡人之邪、救寡人之过，非君心所望之？今君厚受位于先王以成尊，轻寡人以快心，则掩邪救过，难得于君矣。且世有薄而故厚施⑨；行有失而故惠用。今使寡人任不肖之罪，而君有失厚之累，于为君择之也,无所取之。国之有封疆,犹家之有垣墙,所以合好掩恶也。室不能相和,出语邻家,未为通计也。怨恶未见而明弃之,未为尽厚也⑩。

"寡人虽不肖乎,未如殷纣之乱也;君虽不得意乎,未如商容、箕子之累也⑪。然则不内盖寡人,而明怨于外,恐其适足以伤于高而薄于行也,非然也?苟可以明君之义,成君之高,虽任恶名,不难受也。本欲以为明寡人之薄,而君不得厚;扬寡人之辱,而君不得荣,此一举而两失也。义者不亏人以自益,况伤人以自损乎!愿君无以寡人不肖,累往事之美。昔者柳下惠⑫吏于鲁,三黜而不去。或谓之曰:'可以去。'柳下惠曰:'苟与人之异,恶往而不黜乎?犹且黜乎,宁于故国尔。'柳下惠不以三黜自累,故前业不忘;不以去为心,故远近无议。今寡人之罪,国人未知,而议寡人者遍天下。语曰:'论不修心⑬,议不累物,仁不轻绝,智不简功。'弃大功者,辍也;轻绝厚利者,怨也。辍而弃之,怨而累之,宜在远者,不望之乎君也。今以寡人无罪,君岂怨之乎?愿君捐怨,追惟先王,复以教寡人。意君曰,余且慭心以成而过⑭,不顾先王以明而恶,使寡人进不得修功,退不得改过,君之所揣也,唯君图之!此寡人之愚意也,敬以书谒之。"乐间怨不用其计,卒留赵不报⑮。

【注释】

① 燕王喜:燕孝王之子,名喜。栗腹:燕国相国。赵孝成

王：赵惠文王之子，名丹。

②乐间：乐毅之子。乐毅投奔赵国后，燕王又封他为昌国君。吴师道补鲍本曰："《史》，毅奔赵后，燕王复以其子乐间为昌国君。"

③鄗：见《赵策二·武灵王平昼间居》注。

④庆秦：燕国大臣。代：见《秦策一·苏秦始将连横》注。

⑤廉颇：见《赵策三·秦攻赵蔺离石祁拔》注。

⑥乐乘：人名，与乐毅同族。

⑦端：端正，犹言改正。

⑧望：犹言希望。

⑨而：姚本作"于"，鲍本作"而"，从鲍本。

⑩未为尽厚：姚本此句"未"字下无"为"字，鲍本有，从鲍本。

⑪商容：商朝贵族，相传被纣王废黜。箕子：见《秦策三·范雎至秦》注。

⑫柳下惠：春秋时鲁国公族，姓展，名禽，被封在柳下，谥号惠。

⑬论不修心：犹言由衷之言，不用加以修饰。简：犹言抛弃。

⑭慝（tè忒）：恶念。

⑮乐间怨不用其计，卒留赵不报：姚本此句"乐间"后有

"乐乘"二字,"卒"字前有"二人"二字,金正炜本:"'乐乘'及'二人'四字并衍。"从金说,删掉。

【解读】

燕王喜使栗腹用百金为赵孝王祝寿,留饮酒三日,栗腹回报说:"赵民年壮的,都死在长平,他们的遗孤还没有成年,可以乘机攻伐。"王遂召昌国君乐间来,问道:"你看如何?"乐间回答说:"赵,是四面交通畅达的国家,老百姓都熟悉兵战之事,不可与他们作战。"王说:"我用加倍的兵力攻打它,可以吗?"乐答:"不可以。"王说:"用三倍,可以吗?"乐答:"不可以。"燕王大怒。左右的人都以为赵可以伐,遂急起60万大军来攻赵,命栗腹用40万人攻鄗,命庆秦用20万人攻代。赵命廉颇率8万人在鄗抵抗栗腹,命乐乘率5万人在代抵抗庆秦。燕人大败,乐间逃到了赵国。

燕王写信道歉说:"寡人不才,不能遵奉您的意见,所以您弃燕而去,寡人的不肖是很明显的了。寡人胆敢微言心愿而复用君,而您又不肯听从,所以派使者述明愚意,请您予以评论。俗话说:'仁者不轻易绝人,智者不轻易怨人。'先王对待您,是世所明知的。寡人希望有不是而您能加以掩盖,不料您却公开怪罪我;希望有过错您能加以教诲,不料您却公开抛弃我。况且寡人的罪过,国人没有不知,天下没有不闻,君微行而出以明有怨于寡人,寡人必定有罪了。虽然,恐怕您的行为未必尽属宽厚。谚云:'厚道人不败毁他人以自重,仁义人不损害他人以邀名。'因此,掩盖他人缺点的,是厚道人的行为;神救他人过错的,是仁义人的道理。世上有掩寡人之非,救寡人之过。除去您我还指望谁呢?如今您接受先王重任,有很尊贵的身份,轻易抛弃寡人以惬私意,那么掩邪救过的恩泽,就难于从您那里得到了。再说,世人虽薄待我,我反而厚报他;行为虽有失误,我反而爱用他。现在使寡人负不肖的罪过,而您也有失厚的缺陷,如为您选择的话,甚无可取。国家有疆界,就像家庭有墙垣,是用来合拢好处,遮掩坏处的。家室不相和睦,出去告诉邻居,并非良计。未见怨恶嫌隙而公开离弃,不算是完全宽厚。寡人虽然不肖,还没有像殷纣的昏乱;您虽然不得意,也没有像商容、箕子的受害。然则您不在国内遮掩寡人的过错,而明着怨恨于国外,恐怕这足以损伤您的崇高,而招来薄行的非议。不是这样吗?如果可以明扬您的道义,成就您的崇高,虽蒙恶名,寡人也乐于接受。本想拿来明扬寡人的轻薄,而您也得不到厚重;明扬寡人的耻辱,而您也得不到荣耀,这是一举而两失。仗义的人不亏人以自厚,更何况伤人以自损呢?愿您不要因为寡人不肖,有害于对往事的美好回忆。从前,柳下惠在鲁国做吏,三次被罢免而不离去。有人对他说:"可以离去。"柳下惠说:"如果行为与人不同,到哪里能不被罢黜呢?一样是被废黜,宁肯在故国呢。"柳下惠不因三黜成为自己负担,所以不忘旧职;不把离开鲁国的事放在心上,所以远近无非议。如今寡人的罪过,国人尚未知之时，而议论寡人的就遍布天下了。俗语说：'论者不掩饰己心，议者不损害外物，仁者不轻易绝人，智者不简慢前功。'捐弃大功的，就会停顿不前；轻绝而贪利的，就会招来怨恨。袖手而弃置不顾，怨恨而不惜损害，应该是疏远的人所为，不愿意看到您能够如此。现在权当寡人无罪，您难道怨恨寡人吗？愿您捐弃前嫌，追思先王旧恩，再来教导寡人！或者您的意思是：'我且暂快己心，来促成你的过错；不顾先王的恩德，来张扬你的罪恶。'使寡人进不得立功，退不能补过。这由您来决定，希望您考虑它。以上就是寡人的愚意。谨以书信奉上。"乐间、乐乘怨恨燕王不用其计，二人终于留赵，未予回报。

宋·卫策

齐攻宋宋使臧子索救于荆

齐攻宋，宋使臧子索救于荆①。荆王大说②，许救甚劝。臧子忧而反。其御曰："索救而得，有忧色，何也？"臧子曰："宋小而齐大。夫救于小宋而恶于大齐，此王之所忧也；而荆王说甚，必以坚我。我坚而齐弊，荆之利也。"臧子乃归。齐王果攻③，拔宋五城而荆王不至。

【注释】

① 臧子：又作"臧孙子"，宋国人。荆：即楚国。
② 荆王：指楚顷襄王。
③ 齐王：指齐闵王。

【解读】

齐攻打宋，宋使臧子向楚国求救。楚王大喜，满口答应救援。臧子忧愁而归。他的驾车人问:"求救而得到允许,为何有忧色呢?"臧子说:"宋国小而齐国大。援救小国宋而得罪大国齐,这是楚王所担忧的,而王却表现得十分高兴,必然是坚定我抗齐的决心。我坚决抵抗,而使齐军疲困,对楚人是有利的。"臧子归国之后,齐王果然攻克宋5座城池,而楚国救兵终于未至。

公输般为楚设机

公输般为楚设机①,将以攻宋。墨子闻之,百舍重茧②,往见公输般,谓之曰:"吾自宋闻子。吾欲籍子杀人③。"公输般曰:"吾义固不杀人。"墨子曰:"闻公为云梯,将以攻宋。宋何罪之有?义不杀人而攻国,是不杀少而杀众。敢问攻宋何义也?"公输般服焉,请见之王。墨子见楚王曰:"今有人于此,舍其文轩,邻有弊舆而欲窃之④;舍其锦绣,邻有短褐而欲窃之⑤;舍其粱肉,邻有糟糠而欲窃之。此为何若人也?"王曰:"必为有窃疾矣。"墨子曰:"荆之地方五千里,宋方五百里,此犹文轩之与弊舆也;荆有云梦,犀兕麋鹿盈之,江、汉鱼鳖鼋鼍为天下饶⑥,宋所谓无雉兔鲋鱼者也⑦,此犹粱肉之与糟糠也;

荆有长松、文梓、楩、楠、豫樟⑧，宋无长木，此犹锦绣之与短褐也。臣以为王吏之攻宋为此同类也⑨。"王曰："善哉！请无攻宋。"

【注释】

① 公输般：即鲁班，鲁国著名工匠。机：指一些机械战具，如云梯、弓弩等。

② 墨子：姓墨名翟，宋国人，是战国时期著名的思想家。百舍：百里为一舍。百舍，犹言步行万里，形容走路之多。重茧：厚茧，形容旅途劳苦。

③ 杀人：姚本作"杀王"，"王"为"'"之讹，即"人"字，吴师道补正鲍本曰："一本三'杀王'并作'杀'，云人。"从吴说，改"杀王"为"杀人"，下文"杀人"二字均同此注。

④ 文轩：雕饰精美的车。弊舆：破车。

⑤ 短褐：粗布短衣。

⑥ 江、汉：指长江、汉水。鼍（tuó驼）：鳄鱼。

⑦ 鲋（fù付）：鲫鱼。

⑧ 楩（biàn便）：楩木。

⑨ 臣：姚本作"恶"。鲍本作"臣"，从鲍本。

【解读】

　　公输般替楚设计云梯，用来攻宋。宋国人墨翟听说，长途跋涉，脚都磨出了厚茧，去见公输般，对他说："我在宋闻你大名，我想借你来杀人。"公输般说："我信守道义，根本不杀人。"墨子说："听说您制造云梯，用来攻宋。宋有什么罪过呢？信守道义不去杀人，而去攻打别人的国家，是不少杀人而多杀人。敢问攻宋有什么道义？"公输般理屈，请墨翟进见楚王。

　　墨子见楚王说："现在这里有一个人，扔掉自己彩雕的车，邻居有一辆破车，却想去偷；扔掉自己的锦绣，邻居有一件粗布衣，却想去偷；扔掉自己的米肉，邻居有糟糠，却想去偷。这是一个什么样的人呢？"楚王说："必定是有偷窃的癖好啊！"墨子说："楚国土地方圆5000里，宋方圆500里，这就像彩车与破车一样。楚有云梦泽，犀牛麋鹿充斥其中；江、汉的鱼鳖鼋鼍，为天下最多，宋所谓连鲋、兔、鲫鱼都没有，这就像米肉与糟糠一样。楚有长松、文梓、楩、枏、豫樟，宋国连高大树木都没有，这就像锦绣与粗布衣一样。臣以为大王派人去攻打宋国，与有盗窃癖差不多。"

　　王说："说的好呀！不去攻宋就是了。"

智伯欲伐卫

智伯欲伐卫，遗卫君野马四，白璧一①。卫君大悦，群臣皆贺，南文子有忧色。卫君曰："大国大欢，而子有忧色何？"文子曰："无功之赏，无力之礼②，不可不察也。野马四，白璧一，此小国之礼也，而大国致之，君其图之。"卫君以其言告边境。智伯果起兵而袭卫，至境而反，曰："卫有贤人，先知吾谋也。"

【注释】

① 野马四，白璧一：姚本此句"四"字后有"百"字，黄丕烈《札记》认为"百"字，是因下"白"字而误衍，从黄说，删掉"百"字，下文"野马四，白璧一"同此注。野马，良马名。
② 无力：犹言不费气力。

【解读】

智伯想要伐卫，赠给卫君良马4匹，白璧1只。卫君大喜，群臣都来道贺，南文子却有满面忧愁。卫君说："大国对我很有好感，而你却有忧色，这是何故呢？"文子说："无功劳的奖赏，不出力的馈赠，不可以不详察。良马4匹，白璧1只，这是小国送大国的礼物，而大国却也这样送给我们。君您想一想，早做点准备。"卫君把文子的话告知边境官兵。智伯果然起兵袭卫，到达边境而归，说："卫有贤人，预先知道我的计谋了。"

卫使客事魏

卫使客事魏，三年不得见。卫客患之，乃见梧下先生①，许之以百金。梧下先生曰："诺。"乃见魏王曰："臣闻秦出兵，未知其所之。秦、魏交而不修之日久矣②。王专事秦，无有佗计③。"魏王曰："诺。"客趋出，至郎门而反曰④："臣恐王事秦之晚。"王曰："何也？"先生曰："夫人于事己者过急，于事人者过缓。今王缓于事己者，安能急于事人？""奚以知之？"卫客曰，事王三年不得见。臣以是知王缓也。"魏王趋见卫客。

【注释】

① 梧下先生：指有德行的长者。因家有大梧树，所以这样称呼他。

② 修：犹言修好旧交。

③ 专：姚本作"博"，鲍本作"专"，从鲍本。佗：同"他"。

④ 郎：同"廊"。

【解读】

卫国使客去服侍魏，三年不得见魏王。卫客很忧愁，便去见梧下先生，答应给他2000两黄金。梧下先生说："好吧。"于是见魏王说："臣听说秦国出兵，但不知往哪里去。秦、魏两国外交，有很长时间没有修好了。愿大王专一事秦，不要有别的打算。"魏王说："好吧。"

梧下先生快步走出，到廊门返回来说："臣恐怕大王事秦不能及时。"王说："怎么讲呢？"先生说："人们要求别人服侍自己，多求之过急；对于服侍别人，则多缓慢。如今大王对于服侍自己的都怠慢，怎能急着去服侍别人呢？""何以见得？"先生说："卫客说，服侍大王三年，未得见面。臣因此知大王怠慢。"魏王赶紧接见卫客。

中山策

魏文侯欲残中山

魏文侯欲残中山。常庄谈谓赵襄子曰①:"魏并中山,必无赵矣。公何不请公子倾以为正妻②,因封之中山,是中山复立也。"

【注释】

① 常庄谈:赵襄子的家臣。
② 公子倾:魏文侯之女。

【解读】

魏文侯想要灭掉中山。常庄谈对赵襄子说:"魏兼并中山,随后也一定要灭赵。您何不请聘文侯女公子倾做为正妻,因而把中山封她做采邑,这样,中山就可以复存了。"

中山与燕赵为王

　　中山与燕、赵为王,齐闭关不通中山之使,其言曰:"我万乘之国也,中山千乘之国也,何侔名于我?"欲割平邑以赂燕、赵①,出兵以攻中山。蓝诸君患之②。张登谓蓝诸君曰:"公何患于齐?"蓝诸君曰"齐强,万乘之国,耻与中山侔名,不惮割地以赂燕、赵,出兵以攻中山。燕、赵好倍而贪地③,吾恐其不吾据也。大者危国,次者废王,奈何吾弗患也?"张登曰:"请令燕、赵固辅中山而成其王,事遂定,公欲之乎?"蓝诸君曰:"此所欲也。"曰:"请以公为齐王,而登试说公,可,乃行之。"蓝诸君曰:"愿闻其说。"

　　登曰:"王之所以不惮割地以赂燕、赵,出兵以攻中山者,其实欲废中山之王也。王曰:'然。'然则王之为费且危。夫割地以赂燕、赵,是强敌也;出兵以攻中山,首难也。王行二者,所求中山未必得。王如用臣之道,地不亏而兵不用,中山可废也。王必曰:'子之道奈何?'"蓝诸君曰:"然则子之道奈何?"张登曰:"王发重使,使告中山君:'寡人所以闭关不通使者,为中山之独与燕、赵为王,而寡人不与闻焉,是以隘之。王苟举趾以见寡人④,请亦佐君。'中山恐燕、赵之不己据也,今齐之辞云'即佐王',中山必遁燕、赵与王相见⑤,燕、

· 304 ·

赵闻之，怒绝之，王亦绝之，是中山孤，孤何得无废。以此说齐王，齐王听乎？"蓝诸君曰："是则必听矣，此所以废之，何其所以存之矣⑥？"张登曰："此王所以存者也。齐以是辞来，因言告燕、赵而无往，以积厚于燕、赵。燕、赵必曰：'齐之欲割平邑以赂我者，非欲废中山之王也，徒欲以离我于中山而己亲之也。'虽百平邑，燕、赵必不受也。"蓝诸君曰："善。"遣张登往，果以是辞来。中山因告燕、赵而不往，燕、赵果俱辅中山而使其王，事遂定。

【注释】

① 平邑：邑名，在今河南南乐县，原属赵国，现属齐国。

② 蓝诸君：中山国相国。

③ 倍：通"背"，此指背约。

④ 举趾：犹言举足，抬脚。

⑤ 遁：逃，引申为回避。

⑥ 以：姚本无"以"字。鲍本有，从鲍本。

【解读】

中山与燕、赵一同称王。齐国闭关，不接纳中山的使者，声称："我是万乘的大国，中山是千乘的小国，怎能与我齐名？"想要割让平邑，来赂赠燕、赵，出兵攻打中山。

中山相蓝诸君对此很担忧。张登对蓝诸君说："您对齐，有何担忧？"蓝诸君说："齐国强盛，是万乘的大国，羞与中山齐名，不惜割地来赂赠燕、赵，出兵来攻打中山。燕、赵轻于背约而又贪图土地，我恐怕它们不倾向于我。大者危及国家，其次是丢掉王号，我为什么不担忧呢？"张登说："请让燕、赵坚定地来帮助中山，成全王号，事情铁定。您愿意吗？"蓝诸君说："这当然是我所盼望的。"登说："请拿您当作齐王，而登试着说服您。如果可以，就去这样做。"蓝诸君说："愿意听一听你的说法。"

登说："大王所以不惜割地来赂赠燕、赵，出兵来攻打中山，其目的是想取消中山的王号。王说：'对的。'然则大王的做法，不但耗费，而且有危险。割地来赂赠燕、赵，是强化敌人；出兵来攻打中山，是带头发难。大王行此二事，所求于中山的，未必能够得到。大王如果用臣的办法，土地不亏，刀兵不用，中山的王号可以废止。王一定要说：'你的方法是什么呢？'"蓝诸君说："既然如此，那么你的办法究竟是什么呢？"张登说："大王发遣重使，让他告诉中山君说：'寡人所以闭关不通使者的原因，是中山独自与燕、赵称王，而寡人并未与闻其事，所以要扼止它。王假如能够移动尊趾，来见寡人，那么请让我也来帮助你。'中山恐怕燕、赵不倾向自己，现在齐国既说'帮助称王'，中山必定逃避燕、赵，与大王相见。燕、赵闻知，怒绝中山，大王也趁此杜绝它，这是中山孤立；孤立，王号怎能够不废止！用这个理由来游说齐王，齐王肯听吗？"蓝诸君说:"这是肯定听的了。但这只是使中山废止称王,其所保存王号的办法在哪里呢?"张登说:"这就是所以保存王号的办法。齐国如用这话来说,就把它告诉燕、赵,而不去赴齐王的约会,以讨好燕、赵。燕、赵必定说:'齐国想割平邑来赂赠我,并不是要废止中山称王,只是想离间我与中山的关系,而自己亲近它。'虽然有100个平邑,燕、赵必不曾接受。"蓝诸君说:"很好。"

遂派张登往齐,齐果然来向中山这样说。中山因告知燕、赵,而没有赴齐约。燕、赵果真共同帮助中山,而使它称王。事情就这样定了下来。

中山君飨都士

中山君飨都士大夫,司马子期在焉。羊羹不遍①,司马子期怒而走于楚,说楚王伐中山。中山君亡,有二人挈戈而随其后者,中山君顾谓二人:"子奚为者也?"二人对曰:"臣有父,尝饿且死,君下壶飡饵之②。臣父且死,曰:'中山有事,汝必死之。'故来死君也。"中山君喟然而仰叹曰:"与不期众少,其于当厄③;怨不期深浅,其于伤心。吾以一杯羊羹亡国,以一壶飧得士二人。"

【注释】

① 都士大夫：都城中的士大夫。司马子期：中山人，后到楚国为官。不遍：犹言不及。
② 饵：此指给吃。
③ 厄：犹言困难的时候。

【解读】

中山君设宴款待国都的士人，大夫司马子期在座，羊羹没有分给司马子期，他一气之下，说服楚王攻打中山，中山君逃跑了，有两个人提着戈随在中山君的后面，中山君回头对二人说："你们是干什么的？"二人回答说："我家老父，饿得快死了，君王曾经赠了一壶熟食给我们父亲吃。父亲临死时说：'中山一旦有难，你们一定要为中山效死。'所以我们来为君王效死报恩。"中山君感慨地仰天长叹说："施与不在多少，而在于处在他遭受困厄的时候；怨恨不在深浅，而在于是否伤了人的心。我以一杯羊羹亡国，而以一壶熟食得到两位为国效死的义士。"